RELECTURA DE LA DEMOCRACIA

ASDRÚBAL AGUIAR
Profesor Visitante del Miami Dade College
Secretario General del Grupo IDEA

RELECTURA
DE LA DEMOCRACIA

Cuadernos de la Cátedra Mezerhane sobre
Democracia, Estado de Derecho y Derechos Humanos

No. 8

CÁTEDRA
MEZERHANE

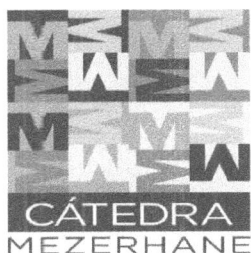

editorial jurídica venezolana
international

2024

Cuadernos de la Cátedra Mezerhane sobre Democracia, Estado de Derecho y Derechos Humanos

1.   Allan R. Brewer-Carías, *Principios del Estado de derecho. Aproximación histórica*, 2015, 360 páginas.
2.   Asdrúbal Aguiar A., *Calidad de la democracia y expansión de los derechos humanos*, 2017, 242 páginas.
3.   Fortunato José González Cruz, *Ciudad y política: El lugar de la democracia en un mundo globalizado. Un ensayo sobre la politeia aristotélica*, 2019, 149 páginas.
4.   Luis Almagro, Cesar Cansino, Ricardo Trotti, Asdrúbal Aguiar, *Fake News. ¿Amenaza para la Democracia?*, 2020, 152 paginas.
5.   Allan R. Brewer-Carías, *Principles of The Rule of Law (État de droit, Estado de derecho, Stato di diritto, Rechtsstaat) Historical Approach*, 2023, 430 páginas.
6.   Asdrúbal Aguiar A. *El Derecho Humano a la Paz. Lectura y relectura*, 2023, 142 páginas.
7.   Asdrúbal Aguiar A. *Pérdida y Recuperación del Esequibo. Del Laudo de París al Acuerdo de Ginebra*, 2024, 122 páginas.
8.   Asdrúbal Aguiar A. *Relectura de la Democracia*, 2024, 260 páginas.

ISBN: 979-8-89480-622-8

Impreso por: Lightning Source, an INGRAM Content company
para Editorial Jurídica Venezolana International Inc.
Panamá, República de Panamá.
Email: ejvinternational@gmail.com

Portada:
Imagen:

Diagramación, composición y montaje por:
Mirna Pinto de Naranjo
en letra: Times New Roman 13, Interlineado 14, mancha 11.5x18

A los exjefes de Estado y de Gobierno integrantes de la Iniciativa Democrática de España y las Américas (Grupo IDEA), pues al término de sus mandatos honraron a la democracia sosteniendo a su principio de alternabilidad: Recogieron de los escritorios de gobierno sus enseres personales, entregaron sus mandatos y como ciudadanos de a pie regresaron al hogar doméstico.

Y a Mariela, otra vez, a la que agradezco su infinita paciencia, obra del amor probado y recíproco, por regalarme parte sus horas para mis lecturas y el cuidado de los libros envejecidos que atesoro; esos que a diario me iluminan y son la firme raíz de mi aprendizaje como escritor, y para mejor entender desde la periferia a estos tiempos adánicos, negados a la experiencia profunda de la libertad, desasidos de sus valores éticos.

ARS LONGA, VITA BREVIS.

"En la Declaración Universal de Derechos Humanos, aprobada por la Asamblea General en 1948, se enunciaban los principios fundamentales de la democracia. Desde el momento de su aprobación, la Declaración ha inspirado la redacción de constituciones en todas partes del mundo y ha contribuido en gran medida a que en el ámbito mundial finalmente se acepte la democracia como valor universal. El derecho de todas las personas, a elegir cómo serán gobernadas y quién debe gobernarlas debe ser un derecho innato y la realización universal de ese derecho debe ser uno de los principales objetivos de una Organización dedicada a promover un concepto más amplio de la libertad".

Kofi ANNAN,
Secretario general de la ONU, 2005

ÍNDICE

ENSAYOS

I

ENTRE LA RAZÓN DEMOCRÁTICA Y EL DOMINIO DE LO DIGITAL:

El deconstructivismo de la democracia en el siglo XXI

II

EL PLURALISMO Y LA ALTERNANCIA EN EL PODER COMO GARANTÍAS DE LA DEMOCRACIA

III

LA DIMENSIÓN SOCIAL DE LA DEMOCRACIA Y SU ESTATUTO INTERAMERICANO

IV

FUNDAMENTOS DEMOCRÁTICOS DE LA LIBERTAD DE PRENSA EN LA DECLARACIÓN DE CHAPULTEPEC

V

TRANSPARENCIA Y CALIDAD DE LA DEMOCRACIA

VI

CONTROL DE CONVENCIONALIDAD Y DIÁLOGO JURISPRUDENCIAL SOBRE LA DEMOCRACIA

TEORÍA DE LA COHERENCIA FUNCIONAL

VII

LUCHA POR LA DEMOCRACIA Y CONTRA LA CORRUPCIÓN

DESAFÍOS DE LA SOCIEDAD CIVIL

VIII
GOBERNABILIDAD EN DEMOCRACIA

APÉNDICES

UNA EXPLICACIÓN NECESARIA

El presente Cuaderno, que intitulo sin pretensiones Relectura de la democracia, a secas y como debe ser, sin adjetivos, lo edito para su divulgación entre los alumnos de la Cátedra sobre Democracia, Estado de Derecho y Derechos Humanos del Miami Dade College que regento.

Reúne mis ensayos y disertaciones varias relativos a la cuestión democrática, escritos como ejercicio liminar o para la corrección de puntos de vista luego insertos en revistas científicas varias o usados para mis charlas. Destacan, como temas, la deconstrucción política y democrática en la actualidad, su calificación reciente como democracia digital, la proscripción del ejercicio del poder sin término, la dimensión social de la democracia – que de suyo hace parte de la democracia civil y ciudadana, sin que deba escindírsela – siguiendo, en el mismo orden, los fundamentos democráticos de la libertad de prensa, la transparencia y calidad de la democracia, su control interno e internacional, la lucha contra la corrupción y la gobernabilidad democrática. Al término incluyo un proyecto de declaración de principios. Se trata de papeles anteriores y posteriores a mi libro *El derecho a la democracia*, publicado en 2008, presentado por los ilustres juristas y amigos Allan R. Brewer Carías y Alberto Dalla Vía.

De este último, por ser el seminal de mis reflexiones posteriores debo decir que lo inspiraron mi exposición sobre la democracia a la luz del Sistema Interamericano, leída en el Congreso Internacional de Culturas y Sistemas Jurídicos Comparados convocado en ciudad de México y organizado por el Instituto de Investigaciones Jurídicas de la UNAM (2005), y mi discurso de incorporación a la Academia Nacional de Derecho y Ciencias Sociales de Buenos Aires (2006): "El derecho a la democracia en la jurisprudencia interamericana".

En un instante de pregonado desencanto democrático en la región auscultaba entonces dos perspectivas que debía resolver para conjurar los riesgos de aporía, a saber: la del Derecho internacional como régimen y para regimentar a las instituciones de la democracia, lo que puede llamarse el Derecho de la democracia, y la otra, la del derecho a la democracia que predico y advertí como respuesta ética adecuada frente a la manipulación de narrativas en la circunstancia; entendiendo que la manoseada crisis democrática sobre el puente que nos conectaba con el siglo XXI no era tal, sino un cuento deliberadamente forjado por los autoritarismos populistas en emergencia y tras el «quiebre epocal» de 1989. Mediaban cambios inevitables y profundos, rupturas epistemológicas una vez pasado el milenio, acaso auspiciosos todos, pero de riesgos gravosos para las bases de la libertad en un contexto histórico distinto y, en lo inmediato, amenazadas por la deconstrucción cultural en marcha dentro del mundo occidental.

Antes que validar el fin de la democracia o aceptar su paso hacia otro tiempo posdemocrático, la he querido estimar como su necesaria decantación hacia una democracia como experiencia de vida; no más como forma o sacramento instrumental o procesal propia del Estado moderno declinante y para la configuración de sus poderes. Así, desde entonces sostengo la tesis del derecho humano a la democracia como derecho totalizante de los derechos humanos, y en clara línea con las premisas exegéticas de la Convención Americana de

Derechos Humanos en su relación con la Carta Democrática Interamericana, que es su interpretación auténtica, jurídicamente vinculante.

Nutrido de doctrina y abundantes citas de la Corte Interamericana de Derechos Humanos, con mi obra referida de 2008 busqué sostener, en efecto, la validez y vigencia de los elementos esenciales y los componentes fundamentales de la democracia, en tarea a la que se han resistido no pocos Estados parte dentro de los órganos políticos colegiados de la OEA. Releyéndola, tras mis diálogos con el fallecido expresidente peruano y dilecto amigo, el jurista Valentín Paniagua, seguidamente publiqué en México (2011) y en Caracas (2015) mi otro título, *La democracia del siglo XXI y el final de los Estados*.

Mientras Paniagua me invitaba a testear tales elementos y componentes – los incluidas en la Carta Democrática Interamericana de 2001 citada – a la luz del terremoto cultural sobrevenido en Occidente y que no cesa, sino que avanza hacia la afirmación de nuevas categorías políticas y jurídico-culturales, seguí empeñado en salvar las enseñanzas de la Corte Interamericana. Estimaba tanto como hoy que apuntan a lo invariable, a las esencias de la experiencia de la democracia más allá de la adversidad del clima político regional, cabalmente comprendido por los jueces de la Corte. Así di a conocer mi *Digesto de la democracia* (2015) del que preparo otra edición actualizada hasta 2024.

La obra magna y luminosa de Luigi Ferrajoli (sucesivamente reunida en sus *Principia iuris*, 2011) entre tanto me sigue acicateando. Sin decirlo el eminente filósofo del Derecho, discípulo de Norberto Bobbio, refiriéndose a la insuficiencia del Estado para asumir por sí solo los monumentales desafíos de las grandes revoluciones de la posmodernidad, me ha llevado a considerar y entender en sus alcances de hondo calado a algunas de esas premisas pétreas o estándares incontrovertibles de la democracia; propias a lo antes dicho, como al desafío que plantea el fenómeno de las deslocalizaciones humanas y la jurisdiccional del Derecho y de los derechos en franco avance.

Las democracias, atadas a los Estados, de suyo y desde la más remota antigüedad fueron lugareñas e hijas del tiempo. Lo inesperado y lo que causa la ruptura epistemológica mencionada y que afecta a las bases de nuestra civilización judeocristiana y grecolatina más allá de las pretensiones gramscianas y deconstructivas en boga tras el fracaso del socialismo real, es que la realidad digital como la de la Inteligencia Artificial (IA) disuelven los espacios a la vez que cultivan la instantaneidad, desvalorizando el sentido vertebrador e intergeneracional de los tiempos, fuentes decantadoras de la costumbre y las leyes.

Tanto como desplazan tales revoluciones de la técnica a la condición humana racional, buscando reemplazarla por un constructo que sólo atiende a la reacción de los sentidos, reduciéndose con ello la autonomía personal, al cabo condicionan en la persona humana toda elección libre, que elija. De donde, o se vota sin elegir, o hasta se elige en democracia por opciones autoritarias que la vacían de contenido. El sentido del voto ciudadano que elige es la puerta para la experiencia de la democracia y está siendo la primera víctima, sea de las redes sociales como de las dictaduras del siglo XXI, mal llamadas autoritarismos electivos, de original factura neomarxista y calcados por los radicalismos de la derecha.

Así que, en un esfuerzo nada cómodo para zafarme del ritual descriptivo de la democracia a la luz de las categorías normativas heredadas, me propuse elaborar, para la colección del MDC en la que se inserta este cuaderno, mi libro siguiente prologado por la expresidenta Laura Chinchilla, *Calidad de la democracia y expansión de los derechos humanos* (2018). En sus páginas reflexiono, oteo respuestas, especulo posibles conclusiones alrededor de las dos paradojas del siglo en curso:

En la misma medida en que se incrementan las elecciones en Hispanoamérica se deterioran las fuerzas garantistas de la democracia, al punto que algunos de sus gobernantes ya reclaman como derecho humano el ser reelegidos a perpetuidad; y mientras crecen inflacionariamente los catálogos de derechos humanos al ritmo de la disolución de las sociedades y las naciones, transformándoselos en identidades y exigencias al detal, nunca antes como ahora, salvo durante las grandes guerras del siglo XX, se han vuelto tan sistemáticas y generalizadas las violaciones graves de los derechos fundamentales de la persona humana.

Lo que es peor, se irrogan tales atentados contándose con la indiferencia de los gobiernos democráticos que sobreviven a duras penas y sin que les escandalicen las omisiones y denegaciones de Justicia de los órganos universales y regionales creados para sus tutelas. Se reclama de las víctimas, antes bien, alivien la pena de sus victimarios mediante fórmulas de Justicia transicional y como precio/chantaje para que todos se aseguren – es lo que se argumenta – algo de sus menguadas libertades y para que disminuyan la mentira y la represión como fisiologías del poder: ¿mal menor o mínimo bien posible?

En suma, asomar en breves páginas y en este libro de pedacerías ciertas consideraciones ortodoxas o disquisiciones heterodoxas y más recientes sobre la democracia como derecho o como régimen jurídico, acaso represente un acto de ingenuidad sin destino o repetitivo. Pero una vez más invoco a la razón, mientras el ecosistema del no-tiempo nos los permite; incluso a riesgo de que a mis consideraciones se las vea como piezas de museo.

Hemos ingresado a otro ciclo de treinta años – tras el iniciado en 1989 que concluye con la pandemia de 2019 – que puede o no ser de descreimiento político, de reconstrucción o quizás de profundización en el fenómeno deconstructivo sin columnas que conoce y viven nuestras pocas democracias. En

21

Venezuela está todo por rehacerse, como en Cuba y en Nicaragua, y no porque se haya hecho presente, necesariamente, el adanismo entre sus gentes.

Que los chinos y los rusos, en la antesala de la guerra de agresión emprendida por "ambos" contra la nación ucraniana hayan afirmado que la democracia ha de quedar reducida a lo doméstico si aspiramos a tener paz en este lado del planeta, es motivo más que suficiente para que reavivemos, en una línea de mínimos, el método socrático; para que hagamos privar la intuición intelectual sobre el porvenir de la democracia y luego se verá si le llega su ocasión al método platónico, analítico y de razonamiento científico.

Pero tal postulado, venido del Oriente de las luces, radicalmente deconstructivo – mientras se fortalecen política y económicamente sus civilizaciones – y más allá de las consideraciones puras que se recogen en mis libros citados y los otros ensayos constantes en las páginas que siguen, me ha llevado a incorporar como apéndice para la memoria una enunciación de las declaraciones y prescripciones que, en el plano de lo político y jurídico sistematizan el Derecho de la democracia y el derecho humano a la democracia a nivel internacional. Son el patrimonio intelectual que, sobre la base de nuestra ya milenaria civilización logró asentarse a raíz de la amarga e inenarrable experiencia del Holocausto, cuando menos durante los casi 80 años transcurridos desde los finales de la Segunda Gran Guerra.

El índice de ese conjunto normativo cuyos textos integrales pueden ser consultados en las redes es amplio y decidor. Se basta a sí. Pero permítaseme decir que, en el ámbito de lo universal, así no quisiesen o no pudiesen las potencias garantes del orden mundial hablar concretamente de la democracia desde 1945 y hasta después del derrumbe comunista, cuando predican las «democracias nuevas o restauradas» a partir de 1989, sus documentos fundamentales mal pudieron ocultar su carácter inexcusable, el del orden de libertades – la garantía de los derechos humanos – en cuyo defecto resultan imposibles el mantenimiento de la paz y la seguridad internacionales.

No solo en los considerandos fundacionales de la UNESCO ello se constata, sino que, la misma Declaración Universal de Derechos Humanos de 1948 admite que estos derechos sólo pueden asegurarse en el marco de otro derecho esencial, a saber, el que "[t]oda persona tiene derecho a que se establezca un orden social internacional en el que los derechos y libertades proclamados en esta Declaración se hagan plenamente efectivos".

En modo alguno pretendo que se prediquen ahora dogmas globales respecto de la experiencia de la democracia, pero sí que se le salga al paso a la deconstrucción que de ella y de los derechos de la persona que le dan su contenido avanza raudamente y se la normaliza, volviéndola algo subjetivo y al detal. Jacques Maritain (1882-1973), filósofo cristiano, uno de los mayores exponentes del pensamiento tomista del siglo XX y jefe de la delegación francesa ante la II Conferencia General de la UNESCO que debatiría sobre las bases de la Declaración Universal mencionada, desde antes y en documento que suscribe en Roma en 1947 consigna postulados útiles e imprescriptibles – nacidos de la razón práctica – para la consideración y relectura actual del derecho a la democracia:

"[E]n la mente de unos y otros – según las familias espirituales, las tradiciones filosóficas y religiosas, las áreas de civilización y las experiencias históricas – derivan de conceptos teóricos extremadamente distintos o hasta fundamentalmente opuestos. No sería seguramente fácil, pero sí sería factible, el dar con una formulación común de esas conclusiones prácticas, dicho de otro modo, de los distintos derechos reconocidos al ser humano en su existencia personal y en su existencia social. En cambio, sería completamente ocioso el buscar a esas conclusiones prácticas y a esos derechos una justificación racional común. (…) Una declaración de los

23

derechos del hombre no podrá ser jamás exhaustiva y definitiva. Siempre será función del estado de la conciencia moral y de la civilización en una época determinada de la historia. Y por esto es por lo que, tras la conquista considerable que hubieron de significar, en las postrimerías del siglo XVIII, las primeras formulaciones escritas, los hombres se hallan interesados en sumo grado en renovar cada siglo tales declaraciones", precisa Maritain (Vid. UNESCO, *Los derechos del hombre: Estudios y comentarios en torno a la nueva declaración universal*, FCE, 1949).

En fin, junto al valor paradigmático de la Carta Democrática Interamericana, que consagra a la democracia como derecho de los pueblos y la sostiene en pie como instrumento obligatorio la Corte Interamericana de Derechos Humanos, aun siendo la obra de un proceso evolutivo intelectual que arranca con la Declaración de Santiago de Chile de 1959 – allí cristalizan como elementos sustantivos el imperio de la ley, las elecciones libres, la prohibición de la proscripción política, la libertad de expresión y de prensa, la alternabilidad en el ejercicio del poder y la tutela judicial de los derechos humanos – es relevante por su origen democrático representativo el texto de la Declaración Universal sobre la Democracia, adoptado por la Unión Interparlamentaria Mundial en 1997.

Ésta sitúa a la democracia como ideal – dado el principio mismo de la perfectibilidad de la persona humana – pero la entiende como un derecho de orden universal, basado en los valores comunes del mundo, "cualesquiera que sean sus diferencias culturales, políticas, sociales y económicas". En cuanto a aquélla, recién, al conmemorarse el 23° aniversario de su adopción, recordé ante el Consejo Permanente de la OEA que no se trata de un decálogo de buenos propósitos; ni que su falta de realización y limitaciones puedan explicarse con base en el principio de la No Intervención. Son excusas fútiles (Ver apéndice).

Suman, aproximadamente, un mil las enseñanzas jurisprudenciales de la Corte Interamericana tras la aplicación efectiva que ha hecho, en los planos contencioso y consultivo, de la Carta Democrática Interamericana.

En sus sentencias y en su más reciente Opinión Consultiva sobre la Prohibición de la Reelección Presidencial Indefinida, adoptada para conjurar la desviación que significan las reelecciones en las Américas como si fuesen derechos humanos de los gobernantes, para defender el derecho humano a la democracia – que dejó de ser un mero proceso o arquitectura para la formación del poder – y en consonancia con la Carta Democrática, la Corte se pronuncia *pro homine et libertatis*. Los órganos políticos de la OEA, así lo observo constructivamente ante los Representantes Permanecen, conjugan siempre a favor del Príncipe, pro-Estado, cada vez que la democracia sufre de alteraciones graves. Y he allí el origen de sus resistencias.

El mayor desafío que acusa la OEA a propósito de la Carta Democrática Interamericana tal como pude expresárselos, hoy reside en un caso inédito, a saber, en la violación multi frontal de la misma Carta por el régimen de Caracas. Tras un verdadero golpe del Estado a la soberanía popular, que es la fuente de legitimidad originaria y la puerta de entrada a la democracia para su ejercicio como derecho humano, luego de las elecciones presidenciales del pasado 28 de julio fueron desmontados todos los elementos esenciales y componentes fundamentales de la democracia. No uno, sino todos, expresé ante el Consejo.

Mediante una colusión de poderes y el imperio de la mentira, por defecto de rendición de cuentas públicas sobre el hecho electoral, el colegiado venezolano gobernante abrogó en los hechos los principios de acceso al poder y su ejercicio conforme al Estado de Derecho, al igual que a la separación e independencia de los poderes públicos. Puso de lado el principio del respeto y garantía de los derechos humanos, mediante el ejercicio del terrorismo de Estado – lo ha dicho la CIDH – al punto de forzarse el exilio del presidente electo, Edmundo González Urrutia; e hizo desaparecer, tras la amenaza de un baño de sangre, el principio del pluralismo y la existencia de los partidos. Sin que mediase una sentencia penal y definitiva, se inhabilitó como candidata a la líder fundamental de las fuerzas democráticas, María Corina Machado, dije al concluir mis palabras.

Sensiblemente y en igual orden, como nota de cierre a destacar, la Constitución de Europa redactada bajo la dirección del expresidente francés Válery Giscard d'Estaing en 2003 obvió toda referencia a la fuente cristiana de Occidente; volvió su mirada a la Tierra para avanzar hacia la diferenciación democrática mediante una mera adjetivación formal – representativa, participativa – significando ello, de suyo, un punto de inflexión en el Derecho de la democracia y, en lo particular, en el derecho humano a la democracia.

En la suma de todos esos documentos enunciados – muestra del desarrollo prescriptivo democrático en los distintos ámbitos, como el hispanoamericano, el europeo, o el interamericano – advertirán quienes los consulten los avances o inflexiones propias a sus momentos históricos; observarán el silencio que de la democracia toma espacio progresivo en el marco de las Cumbres Iberoamericanas, incluso a partir de la más reciente Cumbre de las Américas, sin mengua de que los técnicos de esta, para solventar la ausencia de consenso declarativo y conceptual entre los Jefes de Estado que acudieran a Los Ángeles, hayan elaborado en 2022 un Plan de Acción Interamericano sobre Gobernabilidad Democrática.

Como textos valiosos para el soporte ético de la experiencia vital de la democracia, adecuados para cuando llegue el instante de su reconstrucción y bajo los cánones que deban sostenerla en medio del proceloso mar de la globalidad y su liquidez, cabe tener presentes los adoptados por las Cumbres Iberoamericana de Viña del Mar (1996) e Isla de Margarita (1997): "Gobernabilidad para una democracia eficiente y participativa" y "Los valores éticos de la democracia". Sus conclusiones son aleccionadoras y sirven para contextualizar los contenidos de esta publicación. Rezan así, respectivamente:

"La globalización se ha convertido en un elemento característico de la sociedad contemporánea que incide en la vida de nuestros pueblos y en las acciones de los gobiernos. Solo una comprensión cabal de los alcances de este proceso nos permitirá encarar sus riesgos, aprovechar sus oportunidades y amortiguar los efectos que inciden sobre los sectores más vulnerables de la población".

"Declaramos estar convencidos que la democracia es no sólo un sistema de gobierno, sino también una forma de vida a la que los valores éticos dan consistencia y perdurabilidad. La tolerancia, la capacidad de valorar y aceptar el pluralismo; el derecho a la libre expresión y al debate público; el respeto, la promoción y la protección de los derechos humanos, la aplicación de las reglas de la convivencia civilizada establecidas por la ley; la validez del diálogo en la solución de los conflictos; la transparencia y la responsabilidad de la gestión pública son principios jurídicos y valores éticos de la práctica democrática, que debemos fortalecer y promover dentro de efectivos programas y estrategias nacionales de formación ciudadana".

Entre tanto y a fuer de lo señalado, lo único cierto es que mientras que en las Américas se ha insistido en el desencanto con la democracia referido, cocinado en las hornillas del PNUD (*La democracia en América Latina: Hacia una democracia de ciudadanas y ciudadanos*, 2004) y propiciador de los "autoritarismos electivos" del siglo XXI, los europeos se muestran avergonzados de lo que son: "Los musulmanes, a los que tantas veces y de tan buena gana se hace referencia en este aspecto, no se sentirán amenazados por nuestros fundamentos morales cristianos, sino por el cinismo de una cultura secularizada que niega sus propios principios básicos", afirman Joseph Aloisius Ratzinger en 2005, el último doctor de la Iglesia, sucesivamente elegido como Benedicto XVI.

Condado de Broward, 25 de octubre 2024.

El Autor

ENSAYOS

I

ENTRE LA RAZÓN DEMOCRÁTICA Y EL DOMINIO DE LO DIGITAL

EL DECONSTRUCTIVISMO DE LA DEMOCRACIA EN EL SIGLO XXI[1]

"Quienquiera que crea en la cultura del espíritu y en su libertad y desee la eterna permanencia de esa cultura suprasensible mediante la libertad, ese, cualquiera sea el lugar de su origen y la lengua que hable, pertenece a nuestra raza y será nuestro".

J.T. FICHTE, *Discursos a la nación alemana*, 1899

"El orden terreno, el orden de la tierra, se compone de cosas que adquieren una forma duradera y crean un entorno estable donde habitar. Son esas «cosas del mundo», en el sentido de Hanna Arendt, a las que corresponde la misión de «estabilizar la vida humana». Ellas le dan un sostén. El orden terreno está siendo sustituido por el orden digital. Este desnaturaliza las cosas del mundo… Hoy nos encontramos en la transición de la era de las cosas a la era de las no-cosas… Ya no habitamos la tierra y el cielo sino Google Earth y la nube".

---

[1] El presente ensayo, elaborado para el XVI Congreso Iberoamericano de Derecho Constitucional (Ciudad de México, 2024), incorpora, corregido, partes del texto que leímos en el Coloquio Internacional sobre el Sistema Interamericano de Derechos Humanos (Boston College / UNAM Internacional, 30 de octubre de 2020)

Byun-Chull HAN. *No-cosas. Quiebras del mundo de hoy*, 2021
"Condenaríamos a la humanidad a un futuro sin esperanza si quitáramos a las personas la capacidad de decidir por sí mismas y por sus vidas, condenándolas a depender de las elecciones de las máquinas".

Francisco, *Discurso en la sesión del G7*
sobre inteligencia artificial, 14 de junio de 2024

PRELIMINAR

Distintos libros se han escrito y no pocas reuniones se celebran acerca de la llamada democracia digital, en suerte de aporía pendiente a resolverse y que compromete cuestiones antropológicas y normativas de hondo calado. Algunos la usan con liberalidad para referirse a la comunicación política en la Era de la hipermediación, a la Ciudadanía 3D, a la democracia electrónica o la democracia digital deliberativa, o intentar explicar con ella las nuevas tecnologías de representación mientras otros, más cautos, una vez como abordan la cuestión del Internet a fin de auscultar el futuro de la democracia la sitúan con mejor pertinencia: *Democracy in The Digital Age* (Anthony G. Wilhelm, 2000) o *Defending Democracy in a Digital World (2022 Anual Report*, CD&T).

Stefano Consonni, en artículo "Che cos'è la democrazia digitale" (Adl Consulting, Roma), al tratar sobre la cuestión en 2019 parte para su análisis de una cita que a mi juicio despeja el verdadero panorama tras este rótulo incitador y de moda mencionado: "Sukkind no tiene dudas al sostener que el futuro de la política estará en la regulación de sus relaciones con la tecnología". Por lo que, de entrada, a mi juicio adquiere pertinencia el lúcido ensayo de César Cansino sobre *La muerte de la ciencia política* (2008): "Desconectada de la vida social y cultural de los pueblos, colonizada por métodos propios de otras disciplinas, ahogada por el dato duro y encorsetada por la hiper especialización, agoniza". De donde cabría preguntar si ¿estará pasando lo mismo con la democracia, al ahora calificársela de digital?

Lo que sí cabe subrayar es que, al hablarse de la política, a saber, de la justificación de lo que debería o no hacer el Estado moderno declinarte o sobre el uso del poder y acerca de las decisiones en cuanto a su configuración desde la perspectiva de una gobernanza digital, en modo alguno resulta criticable que se la subsuma o rotule como «política digital». Empero, tratándose de la democracia se ha de tener una mayor prudencia. La libertad racional es lo vertebral de lo humano, y el *vivere civile* bajo la democracia se sostiene sobre la confianza pública.

Lo ha dicho recién y como prevención ética Francisco, acuñando la algorética, en su discurso ante el G-7 del 14 de junio corriente: "Así, mientras que el uso de una herramienta simple – como un cuchillo – está bajo el control del ser humano que lo utiliza y su buen uso depende sólo de él, la inteligencia artificial, en cambio, puede adaptarse de forma autónoma a la tarea que se le asigne y, si se diseña de esa manera, podría tomar decisiones independientemente del ser humano para alcanzar el objetivo fijado. Conviene recordar siempre que la máquina puede, en algunas formas y con estos nuevos medios, elegir por medio de algoritmos. Lo que hace la máquina es una elección técnica entre varias posibilidades y se basa en criterios bien definidos o en inferencias estadísticas. El ser humano, en cambio, no sólo elige, sino que en su corazón es capaz de decidir".

La democracia es una forma de vida y un estado del espíritu, no se reduce al simple proceso electoral o decisional como bien lo advierte Norberto Bobbio ("La regola di maggioranza: limite e aporie", 1981; asimismo, *in extensu*, Corina Yturbe, *Pensar la democracia: Norberto Bobbio*, UNAM, 2007). En línea con sus enseñanzas "la libre determinación de la voluntad individual (se entiende por "libre determinación" aquella que se toma frente a diversas alternativas, a través de la ponderación de los argumentos a favor y en contra, y no en las situaciones sin alternativa, y en todo caso no por miedo a consecuencias graves para la persona o sus bienes) requiere como supuestos una serie de condiciones preliminares favorables (reconocimiento y garantía de los derechos de libertad, pluralidad en las tendencias políticas, libre competencia entre ellas, libertad de propaganda, voto secreto, etc.) que anteceden a la emisión del voto y también, en consecuencia, al funcionamiento de la regla de mayoría, que es pura y simplemente una regla para el recuento de votos". Ella, la democracia, ciertamente incide sobre lo que ha de hacer o no el Estado y sobre las formas para la adopción de decisiones legítimas acerca del poder y su disposición, pero en el caso no es, por lo antes dicho, sujetable a parámetros tecnológicos en el plano de lo sustantivo, que puedan afectar a sus elementos esenciales y a sus componentes fundamentales.

No es fácil definir a la democracia digital según Consonni, pues la democracia implica, en efecto, "un conjunto de prácticas, estructuras, instituciones, movimientos". Aun así, al término no se arredra este y lanza su aventurada precisión: Es la "práctica de la democracia a través de la utilización de instrumentos y tecnologías digitales con la finalidad de expandir e intensificar la participación democrática".

Nadie duda, cabe admitirlo, sobre la capacidad de relacionamiento intensivo y extensivo que entre las gentes ocurre desde el instante mismo en el que toman cuerpo dominante las grandes revoluciones tecnotrónicas y posmodernas, en lo particular a partir de 1989, sobre todo con el énfasis que adquieren treinta años más tarde, desde 2019, a raíz de la pandemia universal del COVID. Me refiero a las revoluciones digital y de la inteligencia artificial (IA), sin que lo señalado, a saber, la intensidad cuántica de las relaciones entre personas pueda reputarse como la expresión de una voluntad democrática y participativa verdadera.

De donde, acudiendo al otro Susskind, no al Jaime del articulista mencionado, cabe reparar en algo que al primero bien le inquieta y facilita que formulemos una hipótesis de

34

trabajar que advierto en una definición de la NASA, útil para comprender a cabalidad el sentido de la aporía democrática que nos ocupa: ¿Podremos escapar – el poder y la democracia – del agujero negro, de cuya fuerza gravitatoria tan fuerte y superior a la velocidad de la luz tampoco escapa siquiera la propia luz?

El físico puro y profesor de la Universidad de Stanford, Leonard Susskind, autor de *La guerra de los agujeros negros* (2009) escribe, justamente, lo siguiente: Una controversia científica sobre las leyes últimas de la naturaleza refiere que desde Einstein la relación espacio-tiempo se ha hecho flexible; no obstante lo cual Stephen Hawking imagina, en 1976, que los agujeros negros eran "las trampas definitivas" en las que, lanzados dentro de éstas un trozo de información, un libro, incluso un ordenador, los perdería para siempre el mundo exterior y de manera irrecuperable. De suyo, "la ley de la Naturaleza más básica – la conservación de la información, base del conocimiento humano racional – estaba en serio peligro".

LA DESLOCALIZACIÓN DIGITAL DE LA DEMOCRACIA

El expresidente Valentín Paniagua, conductor de la transición política en Perú, a propósito del libro que publico en 2008 e intitulo *El Derecho a la democracia*, me observaba preocupado la afectación que acusaban los estándares históricos de la democracia sustancial y de ejercicio, renovados por la Carta Democrática Interamericana de 2001. Los había descrito yo dentro de dicho texto con amplios soportes obtenidos de mi revisión integral de la jurisprudencia interamericana de derechos humanos, hasta alcanzar unas 600 enseñanzas (Vid. de mi igual autoría, *Digesto de la democracia: Jurisprudencia de la Corte Interamericana de Derechos Humanos*, 2014). Intentaba demostrar, y lo logro teóricamente, el carácter prescriptivo vinculante de tan trascendental documento, hijo de una larga decantación que se inicia en 1959 con la

Declaración de Santiago de Chile, adoptada por la OEA (Quinta reunión de consulta de ministros de relaciones exteriores, Acta final, 1960), treinta años antes del agotamiento del socialismo real y de la emergencia de las revoluciones técnicas en actual marcha.

Me argüía el fallecido expresidente los efectos deconstructivos de nuestro catecismo democrático al ras y en proporción al reacomodo global que se suscitaba, no tanto por el agotamiento del modelo soviético – contracara y espejo, y contrapeso para Occidente – sino, justamente, en virtud del ingreso de la Humanidad a la llamada sociedad tecnológica de la información, tras la que adquiere contextura la metáfora – Aldea Global – imaginada por Marshall McLuhan hacia 1962.

El «quiebre epocal» sobrevenido comprometía y hoy compromete las bases espaciales y temporales del ejercicio del poder del Estado y de la ciudadanía, tal como han sido entendidos a lo largo de nuestra milenaria historia intelectual de raíces judeocristianas y grecolatinas. El novísimo ecosistema descarta las «lugarizaciones», cultiva la instantaneidad y de suyo predica sino la decepción sí la ineficacia de los sacramentos formales de la democracia para el manejo de las realidades en un mundo de liquidez sobrevenida en cuanto a sus códigos éticos y jurídicos.

Hasta las naciones que el Estado ha vestido con sus ropajes a lo largo de nuestra modernidad, han quedado al desnudo; lo que es peor, están expuestas, como lo muestra la experiencia corriente, a un acelerado proceso de fragmentación identitaria y de forja de nichos primitivos perturbadores de la confianza social, procuradores de anomia e incertidumbres y promotores de un escepticismo colectivo. Y la democracia, no se olvide, es el régimen que blinda a la libertad con los antivirus de la transparencia y la confianza.

Con mi libro de 2008 propongo descubrir a la democracia más allá del Estado o como simple técnica para su organización institucional, a fin de situarla como el elemento vertebrador del conjunto de los derechos humanos y como concreción de la idea del Bien Común. Reaccionaba, así, ante el abúlico y cínico comportamiento de la diplomacia regional interamericana por incapaz de defender a la democracia como derecho – tal y como la presenta el artículo inaugural de la misma Carta Democrática. Sus contenidos, por expresar derechos humanos totalizantes, son, justamente, los amenazados de desaparición con la emergencia de lo digital y cuántico más que por obra de los populismos autoritarios o las denominadas dictaduras del siglo XXI.

Hace casi medio siglo Ernesto Mayz Vallenilla, rector fundador de la Universidad Simón Bolívar al instalar el Instituto de Altos Estudios de América Latina en cuya forja participo, se adelantaba y alertaba sobre lo anterior en los términos que siguen:

"Sobre América Latina se ejerce un creciente proceso de transculturación, cuyos efectos desintegradores se reflejan sobre el ethos peculiar de nuestros pueblos. Absorbido y desfigurado semejante ethos por la fuerza anonimizadora y homogeneizadora de la técnica, el resultado de este proceso está desvinculando al hombre latinoamericano – y al Occidental – de su propio mundo, desarraigándole de su conciencia hasta transformarlo en un apátrida, o en alguien cuyo mundo es semejante al de cualquier otro habitante del planeta" (Del autor, "Latinoamérica en la encrucijada de la técnica", en USB/Instituto de Altos Estudios de América Latina, *América Latina Conciencia y Nación*, 1976).

Siendo inevitable e irrefrenable la gobernanza digital global, en suma, cabe agregar lo que a la par es otra máxima de la experiencia, a saber, la concentración de información y de los Software, no tanto en unas manos estatales cada día más débiles por imperio de la gobernanza digital y la reducción de las fronteras jurisdiccionales, sino en las manos de quienes dominan sobre las grandes plataformas y la Big Data. Poseen un poder excepcional por lo pronto huérfano de un sistema correspondiente de controles y de contrapesos como es lo propio de un Estado democrático y constitucional de Derecho. Dicho esto, en pocas palabras, al ser la democracia un sistema de derechos que se ejercen en libertad y con autonomía – conocimiento, discernimiento, interacción social, decisión informada, acto de elección – y que al cabo significa predicar todos los derechos para todas las personas, si falla su posible garantía de ejercicio al modificársele sus principios y basamentos racionales, cede la democracia, desaparece en un «hueco negro». Así de simple. Y es por esa vía que corresponde reflexionar, para resolver la aporía de la prematuramente llamada democracia digital y salvo que se la reduzca a mero dominio autoritario o a la práctica del narcisismo político. Huelgan los casos en las Américas.

En fin, razón le asistía al juez y presidente que fuese de la Corte Interamericana de Derechos Humanos, el ilustre mexicano y ex Procurador General, Sergio García Ramírez (1938-2024), al fijar como criterio, constatando acaso el enunciado fenómeno sin abundar sobre sus causas, el siguiente:

"Para favorecer sus excesos, las tiranías "clásicas" – permítaseme calificarlas así – que abrumaron a muchos países de nuestro hemisferio, invocaron motivos de seguridad nacional, soberanía, paz pública. Con ese razonamiento escribieron su capítulo en la historia. En aquellas invocaciones había un manifiesto componente ideológico; atrás operaban intereses poderosos. Otras formas de autoritarismo, más de esta hora, invocan la seguridad pública, la lucha contra la delincuencia, para imponer restricciones a los derechos y justificar el menoscabo de la libertad. Con un discurso sesgado, atribuyen la inseguridad a las garantías constitucionales y, en suma, al propio Estado de Derecho, a la democracia y a la libertad" (Corte IDH. *Caso Escher y otros Vs. Brasil.* Excepciones Preliminares, Fondo, Reparaciones y Costas. Voto en la Sentencia de 6 de julio de 2009. Serie C No. 200).

EL HUECO NEGRO

La socióloga Soshana Zuboff, al referirse a lo que califica de «capitalismo de vigilancia» y en avance dentro del mundo contemporáneo, dice, refiriéndose a la gobernanza digital que, al apuntar sus algoritmos a la disolución de las amalgamas institucionales y por estar dirigidos al mundo individual de los sentidos, la autonomía personal queda anulada. En nombre de la libertad, en especial la que apunta al mercado y al consumo, tras la prédica de un mundo de redes digitales que expande la relación comunicacional entre las personas como nunca hubiésemos podido imaginarlo, lo cierto es que vienen abrogando las enunciadas libertades de pensar, de discernir, de razonar, de reunirse y expresarse e informarse con libertad, y por esa vía de poder decidir autónomamente cada persona en el marco de las realidades virtuales e instantáneas. La política y la democracia pasarían a ser como los cometas, hijas de la circunstancia y la fugacidad. Y en ese marco, ante los fueron de la técnica, toda referencia a los valores éticos queda en entredicho por impertinente, imprudente, importuna e inoportuna.

No se trata, al invocar los valores éticos de la democracia, y cabe aclararlo, de apuntar hacia la episteme – seguridad sobre algo y el conocimiento de sus principios – sino de salvar, cuando menos, "el dominio de la génesis, como expresión de aquello que puede ser o no ser ... [a fin de] salvar la inseguridad del azar que tiñe la existencia, y que pueda luchar por alcanzar, en ella, una cierta forma de conocimiento adecuado a ese ser intermedio entre lo real y lo posible" (E. Lledó, "Aristóteles y la ética de la polis", V. Camps, *Historia de la ética*, I, 1999).

Es imposible, a la luz de lo señalados efectos deconstructivos culturales y concretos agenciados por la gobernanza digital como el presente, obviar, para esta consideración, las reflexiones que acerca de la cultura como expresión hegemónica hiciese Antonio Gramsci, manoseado parlamentario italiano que fallece en 1937 e ícono de las generaciones progresistas del siglo XXI, causahabientes del socialismo real y de factura globalista. Se separa este del marxismo militante e internacionalizado para refugiarse en lo que considera puede hacer trascender a su ideología contracultural.

Gramsci, filólogo marxista, aspira en su tiempo a una nueva hegemonía cultural; esa que, según ahora se afirma, nos estaría llegando tras el citado «quiebre epocal» acelerado por la técnica y que "debe fraguarse [según él] sobre la base de una nueva concepción del mundo en donde todos los factores… deben converger en la creación de un nuevo clima cultural colectivo en el que la cuestión lingüística general resultará algo medular". Por lo que ya se advierte en el mundo de las redes, paradójicamente y no por acaso, el uso y abuso como regla de los superlativos, la ocultación conceptual, el empleo de eufemismos, y acusativos que deshumanizan y se encuentran en el orden del día (Vid. Vicente Romano: *La intoxicación lingüística. El uso perverso de la lengua*, s/f; asimismo, Juan Pedro Arozena, *Gramsci: Su influencia en el Uruguay*, 2022). Se instala lo que Piero Calamandrei, cronista del fascismo italiano, llama régimen de la mentira, *Il regime della menzogna*, cuando menos el culto del relativismo entre los seres humanos mientras avanzan las certezas dogmáticas de los algoritmos.

Zuboff, sin embargo, sin señalarlo concretamente le sale al paso a tal pretensión deconstructiva de lo cultural conocido, a saber, al intento de fractura post marxista de las raíces judeocristianas milenarias y fundamentos de Occidente, que ciertamente peligran. Sin proponérselo desmonta al proyecto gramsciano viéndolo, oblicuamente, como al tonto útil que cree estar acelerando su propósito pedagógico deconstructivo de lo cultural valiéndose de las fuerzas "anonimizadoras" de la revolución digital; siendo que, al término, como lo demuestra dicha revolución en avance y sin retrocesos, ella no es mero medio o instrumento y antes bien se le sobrepone al todo y al todo lo cosifica, y hace de cada persona un número o dato de sus algoritmos. A esta, en lo particular, le fractura sus raíces, esas que son el producto de su arraigo en el espacio de lo local y la interrelación temporal entre las distintas generaciones.

Se le resta destino – bajo el capitalismo de vigilancia – al propósito deconstructivo cultural gramsciano, en su línea de pulverización de lo social para afirmar el dominio de un Estado o Leviatán que agoniza, bajo las llamadas dictaduras del siglo XXI. Lo digital y la IA se sobreponen, justamente, al pulverizar lo social y transforman en data disponible a todo el quehacer humano.

Leamos, *in extensu*, a la profesora de Harvard.

"Todas las criaturas se orientan en función de su hogar. Es el punto de origen desde el que toda especie fija su dirección y rumbo. Sin ese rumbo bien orientado, no hay modo alguno de navegar por aguas desconocidas… En la naturaleza misma del apego humano está que todo viaje y expulsión ponga en marcha la búsqueda de un hogar [es caso de Ulises y Penélope]. [Empero, ha llegado el capitalismo de vigilancia que] … "reclama unilateralmente para sí la experiencia humana, entendiéndola como una materia prima gratuita que puede traducir en datos de comportamiento", explica.

Seguidamente agrega que "aunque algunos de dichos datos se utilizan para mejorar productos o servicios, el resto es considerado como un excedente conductual privativo («propiedad») de las propias empresas capitalistas de vigilancia y se usa como insumo de procesos avanzados de producción conocidos como inteligencia de máquinas, con los que se fabrican productos predictivos que prevén lo que cualquiera de ustedes – o de nosotros – hará ahora, en breve y más adelante. Por último, estos productos predictivos son comprados y vendidos en un nuevo tipo de mercado de predicciones de comportamientos que yo denomino mercados de futuros conductuales".

"A partir de esa reorientación – prosigue Zuboff con su argumentación – desde el conocimiento hacia el poder, ya no basta con automatizar los flujos de información referida a nosotros, el objetivo ahora es automatizarnos (a nosotros mismos). En esta fase de la evolución del capitalismo de vigilancia, los medios de producción están supeditados a unos cada vez más complejos y exhaustivos «medios de modificación conductual».

El capitalismo de vigilancia, en suma, da a luz a una nueva especie de poder que yo llamo instrumentalismo, precisa la autora. El poder instrumental conoce el comportamiento humano y le da forma, orientándolo hacia los fines de otros [todo lo contrario del quehacer democrático y en libertad]. En vez de desplegar armamentos y ejércitos, obra su voluntad a través del medio ambiente automatizado conformado por una arquitectura informática cada vez más ubicua de dispositivos «inteligentes», cosas y espacios conectados en red". Muere la ciencia política, repetiría el citado Cansino, y fenece la democracia, no ya por el desencanto que usara como latiguillo y a inicios del siglo XXI el argentino Dante Caputo y el PNUD (Vid. *La democracia en América Latina: Hacia una democracia de ciudadanas y ciudadanos*, 2004) para favorecer la emergencia de las dictaduras de nuevo cuño: "el poder político real del Estado", sino por ser ella forma personal de vida y derecho humano totalizante: "Los pueblos de América tienen derecho a la democracia y sus gobiernos la obligación de promoverla y defenderla", reza el artículo 1 de la Carta Democrática Interamericana, causahabiente, qué duda cabe, del artículo 1 de la Constitución de Alemania dictada en 1949 sobre las cenizas de la Segunda Gran Guerra del Siglo XX y su Holocausto: "La dignidad humana es intangible. Respetarla y protegerla es obligación de todo poder público".

Por lo que concluye Zuboff:

"Sostengo que el instrumentalismo es una especie de poder sin precedentes que ha resultado esquivo a nuestra comprensión, en parte, porque se lo ha sometido al tratamiento propio del síndrome del carruaje sin caballos. El poder instrumental ha sido contemplado a través del viejo prisma del totalitarismo, con lo que se ha mantenido oculto para nosotros aquello que tiene de diferente y peligroso. El totalitarismo fue una transformación del Estado en un proyecto de posesión total. El instrumentalismo y su materialización en forma de Gran Otro señalan sin embargo la transformación del mercado en un proyecto de certeza total, un proceso que resulta inimaginable fuera del medio ambiente digital y de la lógica del capitalismo de vigilancia" (Shoshana Zuboff, *La era del capitalismo de la vigilancia*, Paidós, 2020).

En síntesis y para la comprensión cabal del significado del «hueco negro» que se viene engullendo a la razón pura y práctica de la democracia en nuestras narices, tanto como para sostener como aporía a la expresión democracia digital, basta con la consideración crítica que hace, recapitulando, uno de los estudiosos de Zuboff, Alejandro Sobrino C., quien la recensiona (*Revista de Filosofía Ágora*, Universidad de Santiago de Compostela, Vol. 41, núm. 2, 2022):

"Como dice J. Weizenbaum, uno de los pioneros de la IA, la razón instrumental puede tomar decisiones, pero no hacer elecciones; es lo que diferencia a la máquina del ser humano. "Que tantas personas pregunten tan a menudo qué deben hacer es señal de que el orden del ser y del hacer se ha invertido. Las personas no deben preguntar qué hacer, sino que deben ser. Las que saben lo segundo no tienen qué preguntar por lo primero". La razón instrumental reduce el estudio de la mente a la psicometría, a números que midan propiedades psíquicas que permitan diseñar test y escalar sus resultados para predecir comportamientos futuros."

SALVAR EL LENGUAJE

La misma virtualidad, en fin, ese metaverso sustitutivo de lo lugareño, de la ciudad como igual quehacer temporal que es milenario en Occidente, a saber, de "la cosa humana por excelencia" según Claude Levi-Strauss, es la que apaga como paso primero de la cosificación digital el sentido vertebrador y realizador del lenguaje; por lo que cabe retomarlo y releerlo. Al término es raciocinio y comunicación, lo propio de la vida humana en propiedad y sobre todo lo sustantivo a la experiencia de la democracia, como diálogo permanente y argumentado que es y contra el que conspira la cultura al detal de lo digital, la de la reducción de las bibliotecas a los 200 caracteres de un Twitter, los 150 de un TikTok, y hasta los 2.200 de un Instagram.

"Sin él – sin el lenguaje, palmariamente perturbado por el mundo de las redes digitales – no hubiera existido entre los hombres ni gobierno ni sociedad, ni contrato ni paz, ni más que lo existente entre leones, osos y lobos", observa el propio Hobbes (Thomas Hobbes, *Leviathan, or The Matter, Forme and Power of a Common-Wealth Ecclesiasticall and Civil*, 1651) antes de determinar, por ende y sin decirlo así, cómo se forma la nación a través del lenguaje en tanto que expresión de cultura y de arraigo. Y podríamos decir, dado lo inevitable de la globalización digital, que será ella, la reconstrucción de la nación por medio de la defensa del lenguaje, el contrapeso o equilibrio necesario que habrá de oponérsele a la gobernanza de lo virtual y lo instantáneo; ello, para que la técnica no concluya acabando con la razón, por ende, poniéndole punto final a la vida verdaderamente humana una vez como alcance a recrearse a *Deus-Et-Machina*: ¿globalización vs. g-localización?

44

El lenguaje, ciertamente, es el que hace posible o vehicula el que podamos todas las personas hacer de manera distinta o diversa las mismas cosas, al "registrar lo que por meditación hallamos ser la causa de todas las cosas, presentes o pasadas, y lo que a juicio nuestro las cosas presentes o pasadas puedan producir como efecto, lo cual, en suma, es el origen de las artes. En segundo término, mostrar a otros el conocimiento que hemos adquirido, lo cual significa aconsejar y enseñar uno a otro. En tercer término, dar a conocer a otros nuestras voluntades y propósitos, para que podamos prestarnos ayuda mutua. En cuarto lugar, complacernos y deleitarnos nosotros y los demás, jugando con nuestras palabras inocentemente, para deleite nuestro", como reza el Leviatán

Lo único en lo que se le podría asignar un logro práctico razonable a Gramsci y en lo que este comparte argumentos con Marx y con Engels, es, ciertamente, en la importancia que le atribuye al lenguaje, como base de toda ciudad o nación, como nicho de cultura familiar y humana; pero es que ahora lenguaje digital y de suyo críptico y simplificado, bastando el necesario para la satisfacción de los sentidos que son estimulados desde afuera, ajenos a la humana inteligencia, ya no toca a la razón ni a su uso para la comprensión del mundo objetivo. Invade a los sentidos, antes bien, así como excluye deliberadamente el discernimiento [como el democrático procedimental y su soporte sobre la libertad de expresión contrastada] para que la selección digital pueda ser instantánea. ¿Pero su predicado real acaso podrá ser el mismo?:

"Todo el lenguaje es un continuo proceso de metáforas, y la historia de la semántica es un aspecto de la historia, de la cultura, el lenguaje, que es al mismo tiempo una cosa viviente, y un museo de fósiles de la vida y de la civilización," dice el mismo Gramsci, con sentido lapidario, en unos de sus textos (*El materialismo histórico y la filosofía de Benedetto Croce*, Buenos Aires, 1971, cit. Arozena, Gramsci).

Hobbes, que se le adelanta varias centurias y cuyas enseñanzas traspasan a la actualidad, como si acaso estuviese enjuiciando tanto a Gramsci como al andamiaje digital, al mismo *Homo Twitter* con sus FakeNews y su fuerza deconstructiva del diálogo, aborda igualmente el tema del abuso del lenguaje destacando sus vicios correlativos:

"Primero, cuando los hombres registran sus pensamientos equivocadamente, por la inconstancia de significación de sus palabras; con ellas registran concepciones que nunca han concebido, y se engañan a sí mismos. En segundo lugar, cuando usan las palabras metafóricamente, es decir, en otro sentido distinto de aquel para el que fueron establecidas, con lo cual engañan a otros. En tercer lugar, cuando por medio de palabras declaran cuál es su voluntad, y no es cierto. En cuarto término, cuando usan el lenguaje para agraviarse unos a otros: porque viendo cómo la Naturaleza ha armado a las criaturas vivas, algunas con dientes, otras con cuernos, y algunas con manos para atacar al enemigo, constituye un abuso del lenguaje agraviarse con la lengua, a menos que nuestro interlocutor sea uno a quien nosotros estamos obligados a dirigir; en tal caso ello no implica agravio, sino correctivo y enmienda".

SOBRE LA PARTICIPACIÓN POLÍTICA EN CONTEXTOS DIGITALES

Dicho lo anterior, advirtiendo que el contraargumento al que se limita este papel en modo alguno plantea una oposición entre términos y realidades: globalización vs. nación, el del valor amenazado del espacio-tiempo que es propio a la democracia y le preocupa tanto como ocupa la reflexión científica de Hawking por oposición a lo virtual-instantáneo. Menos es una demonización de algo que desde ya sabemos que se impone fatalmente – la gobernanza digital global y su expansión hacia la inteligencia artificial; que adquiere una mayor resiliencia, lo hemos dicho, tras el COVID-19 – y que no tendrá marcha atrás, como no la tuvo el nacimiento de la imprenta y su influencia civilizatoria en el planeta: "La revolución que emprendió, considerada la primera gran revolución dentro de la escritura, sumó al manuscrito – dominante absoluto durante dos milenios y medio – y a la xilografía, que es la pre-imprenta, la facilidad de las copias mecánicas exactas y en cantidad creciente. Así nació el libro impreso y empezó la difusión de la literatura y la ciencia, al tiempo que la comunicación, que va dejando de ser oral y manuscrita tan sólo, pasó a ser impresa también e impresa periódicamente", explica Xosé López García (*La metamorfosis del periodismo: Historia de lo que permanece y de lo que cambia en el ciberperiodismo del tercer milenio*, Sevilla, 2010).

El caso es que la imprenta, por su naturaleza, no ha dejado de ser un instrumento netamente humano como fue el citado ejemplo del cuchillo, obra y al servicio de la inteligencia humana, mientras que la realidad virtual y digital creada y determinada por los algoritmos privilegia la relación sensorial, como lo confirma Zuboff. Tanto que al Libro de los Libros hoy se le busca despachar en una homilía dominical de 8 minutos exactos, por pedido del Vaticano. Y en su paso posterior hacia lo cuántico, será real y potencialmente capaz dicha realidad y su relación con los sentidos de superar y sustituir al mismo ingenio de la especie humana.

De modo que, ante ello cabe la pregunta inveterada pero actualizada, propia de los grandes ciclos milenarios, que ocupase los espacios de reflexión de la escolástica medieval: Dado el innovado *Deus ex Machinae*, que es referente de universalidad e hiperrealismo platónico, situado en el mundo de la No-cosas, diría Biun Chul-Han (*Quiebras del mundo de hoy*, 2021), y siendo el Leviatán artificio universalista que se agota y le suplanta otro universal totalizante, el de la gobernanza digital, ¿qué restará entonces como particular o como particulares donde quepa situar para lo sucesivo al individuo sensible pero racional, al mundo de las cosas prosternado por el de las no-cosas, a fin de reequilibrar y evitar el totalitarismo de la técnica – de suyo el de la política digitalizada – sobre éste?

Disueltas como se encuentran las bases territoriales del Estado y las personales del Derecho, por debilitados los mismos soportes conceptuales del Leviatán con el paso desde la modernidad hacia la Era de la Inteligencia Artificial y el gobierno de las plataformas digitales, en la coyuntura, rotos los lazos de la ciudadanía y los vínculos de esta con la representación política, medra y domina la dispersión en todos los ámbitos y ordenamientos de Occidente.

No podemos hablar, en lo inmediato, de que se trate del descubrimiento o del advenimiento de una realidad social novedosa y molecular – ora gramsciana o de factura digital – con propósitos de estabilidad. En la coyuntura, esta es, sí y antes bien, el caldo de cultivo de los radicalismos y la violencia en curso que envuelve a los occidentales, en un marco de liquideces y migraciones globales procurador de relativismos que, al fomentar las inseguridades hace fácil y hasta necesaria la dictadura de la técnica; también el tráfico de las ilusiones, propulsados por el populismo cesarista del siglo XXI.

Más allá del debate no cerrado acerca de la conveniencia o no del ejercicio de la democracia directa pura en casos en los que, sobre todo en materia de políticas públicas especializadas o en temas sensibles para la gobernanza eficaz se requiera de una adecuada preparación, como cuando se redacta una Constitución o una ley, lo cierto es que el uso de la tecnología digital y de sus plataformas integradas es una realidad, como cabe repetirlo. Sin necesidad de reunir a todo el pueblo en asamblea tumultuaria, este puede «participar» (¿?) en tiempo real y a distancia, acaso previamente informado por la Inteligencia Artificial pero llevado de la mano por la plataforma respectiva, de quienes la gobiernan y por quienes comparten el secreto de sus algoritmos.

Ya ha lugar al uso intensivo y extensivo de tales plataformas en distintos procesos electorales y de participación democrática sobre asuntos más inmediatos a la ciudadanía, según refiere Consonni. En Taiwan, v.gr. existe una plataforma de consulta – *vTaiwan* – en la que la gente puede ser preguntada sobre sus principales problemas, tanto como esas plataformas de *Wikidemocracy* están siendo experimentadas en países como Brasil, Francia, el Reino Unido, etc.

Agrega el articulista, y cabe subrayarlo, que el ministro italiano Matteo Salvini se salvó de un procesamiento apelando al voto popular depositado sobre la Plataforma Rousseau del Movimiento *5 Stelle*; plataforma luego multada al evidenciarse en ella problemas de seguridad – en efecto, no las hay invulnerables a la interferencia de hackers y del Internet Bot – y asimismo por la manipulación digital de los votos que se hizo. En Venezuela bajo los regímenes de Hugo Chávez y Nicolás Maduro, esta ha sido la constante y su modelo de algoritmos, adquirido por sus gobiernos de facto, cada vez más perfeccionado, ha sido exportado a las Américas comprometiendo la confianza pública en el voto como fuente de legitimidad democrática originaria.

Pero varias interrogantes a resolver se le plantean a Consonni, como la cuestión del tiempo para poder ejercitar no tanto el voto sino la participación en un proceso deliberativo de formación de políticas públicas, el bajo porcentaje de quienes tienen educación digital, y lo central ante un planteamiento que nazca de la plataforma y acerca del cual el participante tenga una discrepancia de fondo sobre la base o fundamentos de la propuesta, que no le limite a un Sí o un No en algún referéndum.

Hace dos años, la Fundación Luigi Einaudi organizó un evento – *International Forum on Digital and Democracy*, Roma – para debatir sobre tales cuestiones, subrayando algunos elementos que avanzan más al fondo del problema planteado en estas páginas, como el de la tentación autoritaria del algoritmo – ese que define y domina al señalado «hueco negro» – como a lo que se ha hecho palmario en las "auto-cracias electivas" del siglo XXI, a saber, la posibilidad de la vigilancia de las masas y sus datos en el marco de una naciente religión integrista, el "datismo". Y no se olvide que, mientras deliberadamente se predica el mencionado desencanto con la democracia, normalizándosele, sólo un 46% de la población mundial vive bajo democracias generalmente imperfectas. No bastando que a esa tendencia ahora se le agregue lo que plantean China y Rusia – en los días previos a la invasión a Ucrania – en cuanto a que la democracia, para que sea fuente de paz, ha de volver al plano de lo endógeno, adaptada a las necesidades particulares de cada pueblo o nación. Se la rechaza como fuente de universales o valores éticos.

El encuentro promovido por esa Fundación se advierte, como dato desafiante, que en 2023 habría concurrido a las elecciones en Dinamarca el *Syntetich Party*, cuyo programa lo elaboró con Inteligencia Artificial esperando, así, ganar el voto de quienes se abstienen políticamente; probablemente apuntando a quienes no comparten, son indiferentes o se muestran indignados con las claves políticas del pretérito democrático. El elector, obviamente, atraído por lo que mejor cree conocer y saber se deje arrastrar por la corriente que lo lleva, si cabe la prédica apocalíptica, hacia ese «hueco negro» que invisibiliza a la política y teatraliza a una democracia virtual o de utilería.

El planteamiento hasta aquí descrito y esbozado no es baladí, salvo que se crea que todo lo que ahora ocurre en el mundo se resolverá en la mesa más que del azar del azar en la del menú a la carta que elabora a su arbitrio el cocinero de cada algoritmo; de donde cabe enfatizar y resolver, deslindada la cuestión cultural, sobre este asunto de la democracia digital, repito, como aporía y dados sus efectos condicionantes de la autonomía personal.

LA INEXCUSABLE CONSIDERACIÓN ANTROPOLÓGICA

En algunos de mis escritos he optado por remitir a la advertencia que, siendo Cardenal, hizo Benedicto XVI ante el Senado italiano ("Fundamentos espirituales de Europa", 13 de mayo de 2004). Luego del derrumbe comunista, advierte que la progresiva "disolución de la conciencia de los valores morales intangibles es precisamente ahora nuestro problema; puede conducir a la autodestrucción de la conciencia... que debemos comenzar a considerar – independientemente de la visión del ocaso de Spengler [La decadencia de Occidente / *Der Untergang des Abendlandes. Umrisse einer Morphologie der Weltgeschichte*, 1918/1923] – como un peligro real". No por azar, el mismo Joseph A. Ratzinger apunta a lo vertebral, lejos de la crisis de cambio que afecta a la democracia o asimismo de su posible desaparición en el «hueco negro» de la gobernanza digital. Habla, en concreto, de la crisis de discernimiento contemporáneo.

Ante el parlamento federal alemán (Discurso de 22 de septiembre de 2011) sucesivamente observa que "cuando en nuestra relación con la realidad hay algo que no funciona, entonces debemos reflexionar todos seriamente sobre el conjunto, y todos estamos invitados a volver sobre la cuestión de los fundamentos de nuestra propia cultura". Y el asunto es que el ahora fallecido Papa jubilado o el último como le describe Nietzsche (Así hablo Zaratustra o *Also sprach Zarathustra. Ein Buch für Alle und Keinen*, 1883-1885), en su exposición ante los italianos mira a profundidad y sostiene que, más allá del fenómeno de lo digital que acelera la deconstrucción cultural y la experiencia de la libertad, "Occidente siente un odio por sí mismo que es extraño y que sólo puede considerarse como algo patológico". "Ya no se ama a sí mismo [Occidente], sólo ve de su propia historia lo que es censurable y destructivo...", ajusta Ratzinger. Acude, para demostrarlo, a la experiencia del nazismo:

"El Estado se convirtió en el instrumento para la destrucción del derecho; se transformó en una cuadrilla de bandidos muy bien organizada, que podía amenazar al mundo entero y llevarlo hasta el borde del abismo". Luego, sólo el discernimiento que quedó en los combatientes de la resistencia, su capacidad para distinguir entre el bien y el mal, entre el derecho verdadero y el derecho sólo aparente como la conciencia de que en Alemania "el derecho vigente era en realidad una injusticia", les permitió prestar un servicio al Derecho y a toda la Humanidad durante la reconstrucción, recuerda Ratzinger.

Así las cosas, el problema de la «democracia digital» deconstructiva de la cultura política contemporánea, reside en que el hombre – varón o mujer – occidental, tanto como estima de irrelevantes a sus raíces, muy poco le importa, según parece, que las mayorías dirigidas hagan de las suyas; hasta que la perdida de la libertad se le hace insoportable.

No por azar, en su referido encuentro con los parlamentarios de su patria de origen y desde una clara comprensión antropológica, Ratzinger explica que, gran parte de las materias que se han de regular bajo el criterio de las mayorías en nuestra contemporaneidad, con la renovada limitación de la democracia al plano de lo procesal-técnico y como método para elegir, no alcanza ni es evidente para resolver las cuestiones "en las cuales está en juego la dignidad del hombre y de la Humanidad". Todo lo contrario, las subvierte.

En este contexto, al romperse con el molde normativo y para entender al ecosistema digital global emergente al objeto de acometer su lectura desde una perspectiva ética y humanista, he advertido dos premisas que subyacen y sobre las que llamo a la atención en mi libro *Calidad de la democracia y expansión de los derechos humanos* (2018): la del progresivo agotamiento de la democracia en América Latina a fuerza de reducir su experiencia a la cotidianidad electoral-digital y a su expansión en todos los ámbitos de la vida humana y ciudadana hoy secuestrada por una nueva aristocracia, la de los autores de los algoritmos; y la otra, la inflación de los derechos humanos en proporción a los pedazos en los que se fracturan los sólidos del Estado y de la ciudadanía, con la consiguiente banalización del núcleo pétreo de la dignidad humana, sea al deteriorarse las garantías de aquellos en su relación con el espacio-tiempo de lo jurisdiccional, sea y por sobre todo al predicarse ahora sobre los derechos humanos digitales, como lo ha hace Tim Berners-Lee. El "no-diàlogo" de redes demuestra a cabalidad lo anterior.

Se trata, pues, de superar la desfiguración en la coyuntura de la democracia, tal y como acontece con su versión "postdemocrática", que predica la inmediatez de relación entre el líder y las masas sin mediaciones institucionales, apoyada sobre ese ecosistema que en la actualidad y aún más desde la pandemia facilita la gobernanza del mundo y hasta la compromete, en unos intersticios de ingobernabilidad que asimismo son capaces de estimular con sus censuras o interferencias en el quehacer político los mismos patrones de las grandes plataformas tecnológicas. Estados Unidos es un ejemplo paradigmático.

En suma, las plataformas digitales y sus metaversos están comprometiendo los grandes relatos culturales y con ello abroga el valor de los "proyectos de vida" compartidos.

Habían transcurrido 12 años desde el desmoronamiento del Muro de Berlín cuando el Club de Roma advertía sin ser escuchado que "el mundo está pasando un período de trastornos y fluctuaciones en su evolución hacia una sociedad global, para la cual la población no está mentalmente preparada". Agregaba que, como "resultado su reacción es a menudo negativa, inspirada por el miedo a lo desconocido y por la dimensión de los problemas que ya no parecen ser a escala humana"; por lo que previene aquél acerca de estos temores, que "si no se abordan, pueden llevar al público a extremismos peligrosos, un nacionalismo estéril y fuertes confrontaciones sociales".

¿Acaso presenciamos ahora, junto a lo anterior – entre las ciudades-nación que hemos sido desde el subterráneo de nuestro constitucionalismo histórico o el de la trashumancia indígena que se resolviera con estas – un fenómeno de neomedievalismo, como lo planteara en 1977 Hedley Bull, en término que populariza Umberto Eco en 1986 con su texto *Diez modos de soñar con la Edad Media?* El primer autor hace constar la pérdida, que se actualiza ahora, del sentido de la soberanía y la soberanía, como en la Alta Edad Media, de los mismos Estados, las iglesias y los entes territoriales.

La cuestión la describe Bull de este modo:

"…es concebible que los estados soberanos puedan desaparecer y ser reemplazados no por un gobierno mundial sino por un equivalente moderno y secular del tipo de organización política universal que existía en la cristiandad occidental en la Edad Media. En ese sistema, ningún gobernante o estado era soberano en el sentido de ser supremo sobre un territorio dado y un segmento dado de la población cristiana; cada uno tenía que compartir la autoridad con vasallos de abajo, y con el Papa y (en Alemania e Italia) con el Emperador del Sacro Imperio Romano Germánico arriba. El orden político universal de la cristiandad occidental representa una alternativa al sistema de estados que aún no encarna el gobierno universal".

Lo que no advierte dicha referencia es que los datos de la realidad – a saber, la cristalización a partir de 1989 y su profundización durante el curso de los últimos 30 años de las revoluciones digitales y cuántica o de la inteligencia artificial – muestran, por una parte, la emergencia de esos otros poderes desregulados, supraestatales y transnacionales, globalizados, incluso ajenos a la experiencia no solo del multilateralismo conocido y actuante como gobierno mundial sino de lo lugareño y de lo temporal citados, como lo han conocido todas las civilizaciones a fin de hacerse como tales. Y, por la otra, hace palmaria esa deconstrucción social que trasvasando a la localidad cultural se afirma sobre otras identidades que, por su misma naturaleza, adquieren un carácter transnacional; tal como ocurre con los grupos LGTB+, afrodescendientes, comunidades indígenas quienes encuentran nuevo piso en la extensión y totalización geográfica dentro de un mundo cuyo ambiente igualmente difuso – extensiones selváticas que comparten jurisdicción entre distintos Estados – les habría destetado del Estado-nación que antes les cobijase.

Paradójicamente, el Papa Francisco, en la exposición señalada al principio, ante los jefes de Estado del G7 proclama, con énfasis, que "¡La política sirve! Quiero reiterar en esta ocasión que «ante tantas formas mezquinas e inmediatistas de política [...], la grandeza política se muestra cuando, en momentos difíciles, se obra por grandes principios y pensando en el bien común a largo plazo. Al poder político [al actual, se entiende y por narcisista] le cuesta mucho asumir este deber en un proyecto de nación".

Restan hoy los Estados, es cierto, pero cada vez más como franquicias sin poder real ni jurisdiccional. Lo ha demostrado el cierre de ciclo en 2019, con el advenimiento y los efectos social y económicamente destructivos de la pandemia universal del Covid-19; la que al paso obligó a la suspensión en Occidente de las regularidades democráticas y del Estado de Derecho. Y los anclajes naturales, de base humana y culturalmente integradores que se resumen en esa idea de la nación – como lo es el mestizaje cósmico que denota como propio de las Américas y obra del trasiego atlántico José de Vasconcelos – ahora, según lo dicho, son cuestionados, puestos en tela de juicio, no solo sus vestidos constitucionales y republicanos.

Al Estado y los Estados, en suma, se les vacía de contenido y de su conciencia práctica, esos que le dan arraigo y le han permito trascender, incluso dentro de las desviaciones mesiánicas de sus gobernantes. Que sigan allí y tengan gobiernos no cambia la inutilidad que revelan, al punto que se los apropian como nichos de impunidad los dirigentes políticos de cuño reciente, grupos terroristas y hasta el crimen transnacional organizado. No por azar afirma Luigi Ferrajoli, desde la escuela florentina (*Principia Iuris, Teoría del derecho y de la democracia,* II, 2011) que, cada uno se revela incapaz de lidiar por sí sólo y aislado con los grandes problemas de la globalización, mientras que en lo interno el Estado moderno se ha vuelto un paquidermo sin la agilidad que demandan estos tiempos, mejor ganados para la instantaneidad y la deslocalización.

RELECTURA DECONSTRUCTIVISTA DE LA DEMOCRACIA

En artículo de hace cuatro años, el ministro federal de relaciones exteriores alemán, Heiko Josef Maas (*Welt am Sonntag*, 25 de octubre de 2020), pide un nuevo comienzo en la asociación trasatlántica – ¿salvar los activos de la democracia apuntalados sobre el patrimonio intelectual de Occidente – a propósito de las elecciones que se realizaban en Estados Unidos. Describe, al efecto, el exacerbado clima que vive Norteamérica valiéndose de un superlativo que copia de los medios y le es familiar a Iberoamérica desde inicios de siglo: "Democracia al borde del abismo". Ese vendría a ser el leitmotiv del enfrentamiento de ayer por la Casa Blanca, entre Donald Trump y Joe Biden, que vuelve a repetirse en el momento.

Refiere Maas que "las instituciones de América [a las que Alemania debe su libertad y democracia, todavía] merecen confianza". Agrega lo que los alemanes han aprendido de los norteamericanos: "La democracia necesita reglas que sean aceptadas por todos sus representantes", es decir, saber ganar y saber perder dentro de un Estado de Derecho.

Por esa vía, incluso admitiéndose que "Occidente sí intenta laudablemente abrirse, lleno de comprensión a valores externos", lo hace situándose ante las otras culturas del mundo en una condición de falta de cultura y disolviendo sus propias certezas. Y el planteamiento no es baladí, salvo que se crea – y lo creen no pocos – que todo lo ahora ocurre en el mundo se resolverá en la mesa del azar norteamericano.

Maas pone el acento sobre sobre la división dentro de Estados Unidos y destaca que "la democracia sufre" con ello. Agrega que así se lo ha experimentado durante el coronavirus, omitiendo que la pandemia y su gestión, siendo mundial y estimulado el pánico a través de los medios digitales, al cabo hubo de volver a manos de las localidades la procura de soluciones; pero, además y es lo que cabe subrayar, comprometiéndose en la circunstancia y para ello a casi todos los elementos esenciales y componentes fundamentales de la democracia, deconstruyéndolos en la emergencia.

Sin embargo, acierta el alto funcionario alemán, aquí sí, al destacar la importancia en democracia de "una cultura de interacción civil" pues en democracia o todo se debate o no hay democracia. Se trata, en efecto, de la cultura que sabe conjugar más allá del Estado y de los «procesos» democráticos. Su supuesto, el señalado, no obstante, y al ser fundamental para la vigencia de la democracia, es el que está siendo negado por la aculturación global en curso y por quienes, como presas de esta se convierten en enemigos por pensar distinto, sobre todo desafiando la corrección política impuesta por la gobernanza digital y sus censuras.

Quizás siguiendo de nuevo a Luigi Ferrajoli, quien sugiere de necesario afrontar las "cosas nuevas" reconstruyendo a partir de los principios de solidaridad y de subsidiariedad, imposibles de practicar si no se les ancla en el piso ordenador de la dignidad de la persona humana como se hiciese al término de la Segunda Gran Guerra del siglo XX, quepa considerar como lo más pertinente lo que propone, al cabo, el alto funcionario alemán y que obliga a conjugar, repito, más allá del Estado.

"Poner la asociación trasatlántica en una base aún más amplia, a través de una política específica que acerque aún más a los Estados, los Estados federados, los municipios, las universidades, las instituciones de investigación, las empresas y los profesionales de la cultura de ambos lados del Atlántico... por encima de las divisiones ideológicas", en su consejo.

BREVÍSIMO EPÍLOGO

La tendencia hacia la politización – en nombre de la anti política, que es lo propio de las grandes revoluciones tecnológicas en marcha – de todos los actores sociales, prosternándose ahora el argumento clásico de la división del trabajo que obliga a la representación de lo político, llevó a Esperanza Guisán (*Más allá de la democracia*, 2000) a reclamar la falta de reflexión al respecto por parte de la ética y la filosofía más allá de los ámbitos en que los individuos llevan a cabo sus metas, libremente. Refiere el mal funcionamiento de la democracia que conocemos, por prudencial y por propiciar una existencia mediocre en ausencia de los sueños de perfección y utopía propios a lo humano; reclamando en su defecto de una práctica democrática moral profunda. A lo que Francisco Plaza (*El silencio de la democracia*, 2011), de su lado y a la luz de temas o problemas como los que he enunciado propone "recobrar el sentido integral de la democracia", más allá de sus formas.

La pregunta actual y pertinente con vistas a la fuerte fragmentación o el deconstructivismo social y la radicalización consiguiente del pluralismo identitario, debido a la desesta-tización de la política y el predominio de lo digital, es, entonces, sobre el límite mínimo de aquella y la de éste en modo de procurar una «interacción social» posible y moralmente aceptable como la que nos plantea Maas.

Es acaso esta la vía que podría permitir las transacciones razonables sobre las exclusiones admisibles entre las tribus o retículas surgidas de la deconstrucción de la ciudadanía, para sostenerlas en su "aparente" dispersión sobre unos mínimos denominadores que favorezcan la gobernabilidad dentro de una nueva y acaso inédita gobernanza en democracia y en un contexto digitalizado. Ferrajoli pide, no por azar, que se elaboren otras categorías constitucionales en lo global y a nivel de los actuales Estados, conjugando, lo reitero, más allá del Estado.

La respuesta o solución al complejo problema que plantean los derechos humanos como contenidos de la democracia y ésta como exigencia sin la cual aquellos carecen de garantías por vía del Estado de Derecho constitucionalizado y a la manera de un derecho humano totalizador, no la tengo en lo personal; pero habría de ser, otra vez, la del ancla de una nave que puede moverse dentro de unos límites sin alejarse de su eje (Lawrence Whitehead, *Teoría y experiencia de la democratización*, 2011). En otras palabras, se trata de rescatar como elemento vertebrador dentro del contexto digital el reconocimiento y respeto a la dignidad de la persona humana, por ser la base o columna interior incluso oculta dentro de un edificio que exteriormente se muestre fragmentado después de su explosión y que le permite, así, sostenerse en pie.

Dos menciones adicionales debo hacer al margen y antes de trazar algunas conclusiones, ante el carácter propositivo del planteamiento del ministro de relaciones exteriores alemán que hemos comentado, que toca a lo sustantivo de la democracia más allá de la incidencia de lo digital sobre su experiencia.

Una es la declaración que adopta el Foro de Sao Paulo (forodesaopaulo.org) durante su segunda reunión de 1991, en Ciudad de México, cuyos trazos casualmente coinciden con el Informe posterior del PNUD ya mencionado y que predica la urgencia de Estados fuertes, luego de saludar "la conquista de gobiernos locales, regionales y nacionales" por partidos que denomina "populares"; empero, a renglón seguido denuncia a las "democracias restringidas predominantes".

Observa que se "han diseñado estructuras políticas en las que los que son electos tiene su capacidad de mandato recortada... limitándoseles capacidad de acción para modificar y... transformar dichas realidades". Y así se explica que la Corte Interamericana de Derechos Humanos, en muestra de la banalización de la misma democracia y los derechos fundamentales en curso, haya estudiado y decidido negativamente tal pretensión de perpetuidad de las «dictaduras del siglo XXI» bajo el alegato de un derecho humano de los gobernantes a ser reelegidos sine die (Solicitud de opinión consultiva presentada por Colombia el 21 de octubre de 2019, decidida mediante la *OC-28/21* de 7 de junio de 2021).

Otra es, en orden similar, el paradigma del orden mundial que nace de la Segunda Gran Guerra del siglo XX – fijando como valor superior el de la dignidad de la persona humana y como su consecuencia la precariedad temporal del poder político – pero que ha sido postergado tras una confesión desdorosa de los gobiernos al cumplir la ONU su 75° aniversario: "Las Naciones Unidas han tenido momentos de decepción. Nuestro mundo no es todavía el que nuestros fundadores idearon hace 75 años" (Resolución A/75/L.1 de 16 de septiembre de 2020). Eso sí, prometen que las cosas serán distintas al cumplirse otros 30 años, los primeros del actual siglo, según los términos de la Agenda 2030 (Resolución A/Res/70/1 del 21 de octubre de 2015), que en sus 40 páginas y 91 párrafos apenas cita a la democracia una sola vez y al Estado de Derecho cuatro veces, para concluir con un lacónico predicado: "Promover el estado de derecho en los planos nacional e internacional y garantizar la igualdad de acceso a la justicia para todos". Nada más.

De modo que, poco sorprende que la objetividad del «mal absoluto» o de los crímenes de lesa humanidad, afirmada sobre la experiencia del Holocausto en 1945 y renovadora del sentido finalista del Derecho y de la democracia, en pleno siglo XXI esté cediendo y quedando reducida a un mero juicio de valor formal y electoral, de pertinencia y oportunidad política; tal y como ha venido ocurriendo dentro del Consejo de Derechos Humanos y en la Asamblea General de la ONU, una vez como hacen renacer la idea de la neutralidad bajo la forma contemporánea de las abstenciones al votar o de la sola significación política de sus pronunciamientos.

A guisa de las reflexiones precedentes y como síntesis caben, pues, algunas postulaciones mínimas a partir de los datos antes enunciados y que son empíricamente verificables en o más allá de un contexto digital, a saber: (1) La invertebración, indignación e inmediatez social que preceden o siguen al (2) debilitamiento del odre estatal y de los partidos modernos, sedes espaciales o territoriales del poder, excluyentes y representativos de la actividad política; (3) originadora aquélla del neopopulismo de coyuntura a la vez que procuradora, la invertebración o deconstrucción social, de una (4) inflación más que de una ampliación en los derechos humanos fundándosela no más en el derecho a no ser discriminado sino en el emergente derecho a la diferencia obra de la pulverización social, y con él en el constatable desbordamiento o desfiguración del pluralismo democrático. Todo ello, o por obra de ello, como manifestación aparente de una corriente anti política pero libertaria que, además, encubre, mejor aún, el legítimo reclamo por la calidad de la democracia y sus finalidades.

El conjunto compromete o interpela, por lo pronto, (5) la actuación de la Justicia constitucional sea para salvar los activos democráticos, sea como también ocurre y en forma de desviación, para vaciarlos de contenido purificando los atentados cotidianos a la misma democracia desde el propio vértice del poder.

Los predicados normativos hacia el porvenir y reconstructivos de la democracia deberían ser, si cabe el rescate de la razón pura y práctica de lo humano y el valor supra ordenador de su dignidad inmanente, los siguientes: a) la democracia como derecho humano totalizante de los fundamentales; b) la democracia como derecho y servicio a la verdad; c) la democracia como representatividad de lo social; d) la democracia como realización de la justicia y garantía de su coherencia bajo el principio pro homine et libertatis; y e) la democracia como categoría que ha de sujetar a la técnica para asegurarse en su naturaleza.

"Vivir bien significa bregar por crear una vida buena, pero solo sujeta a ciertas restricciones esenciales para la dignidad humana". Es lo que, en suma, enseña Ronald Dworkin (*Justicia para erizos*, 2014) y es lo que cabe definir, como cuestión antropológica para resolver sobre el aumento actual de la fragmentación social en Occidente, sobre su culto posmoderno del relativismo atizado por los andamiajes digitales y de la inteligencia artificial, y sobre el abismo que le espera a la democracia, obra, según se dice, de una molestia generalizada con ella.

Al plantear como lo he hecho, en fin, la idea de reconstituir con sentido de urgencia nuestras raíces culturales, americanas y atlánticas, como ciudades-naciones que somos y como partes de Occidente, con vistas a que recobremos la conciencia de nación y su significación esencial para la civilización judeocristiana que nos amalgama alrededor del valor eminente de la persona humana, no lo hago como empeño de regresión ni de negación de las tendencias hacia la globalización que dominan desde hace 30 años, a partir de 1989.

Ante el *Deus ex machina* de los griegos, resucitado para darle punto final al sentido del tiempo y ante la «deificación» del cosmos, ambos reflejos de paganismo, el camino, como lo sugiere Agustín de Hipona (José Luis Villacañas, *Teología política imperial y comunidad de salvación cristiana*: Una genealogía de la división de poderes, Trotta, Madrid, 2016) y lo considera innovador para Occidente y su cultura, está en el identificar "la irracionalidad humana, el mal humano", poniéndole rostros para forjar una nueva y contemporánea teoría de la racionalización subjetiva; la de la vida personal y social de un sujeto objetivo y militante que sea capaz del "regreso del alma al origen, a la patria" de la que partimos – que es lugar y es tiempo – antes de que nos lanzáramos sobre las autopistas de lo imaginario virtual y lo fugaz instantáneo.

Ratzinger, de pensamiento agudo y perspicaz, a nuestro aviso, resuelve la aporía de la "democracia digital" a través de la importante consideración que hizo ante los participantes de la *Jornada Mundial de las Comunicaciones Sociales*, en 2009.

Escrutando lo anterior y la tarea de la misma Iglesia que condujo hasta su retiro conventual, ajustaba que se trata de "definir una «diaconía de la cultura» [democrática] en el actual «continente digital»". Por lo que los años 2010 y 2011 vuelve sobre la cuestión de la inteligencia artificial para alertar sobre la importancia de la educación al respecto; no sin dejar abiertas las puertas para la reflexión sobre un asunto complejo y desafiante como el que nos ha ocupado.

Mientras observa que "hoy no pocos jóvenes, aturdidos por las infinitas posibilidades que ofrecen las redes informáticas u otras tecnologías, entablan formas de comunicación que no contribuyen al crecimiento en humanidad, sino que corren el riesgo de aumentar el sentido de soledad y desorientación", también invoca las consideraciones que hiciese Pablo VI en 1964, 25 años antes de la apertura de la Puerta de Brandemburgo. Refiriéndose a los primeros proyectos de automatización del análisis lingüístico del texto bíblico, preguntaba si "este esfuerzo de infundir en instrumentos mecánicos el reflejo de funciones espirituales, ¿no se ennoblece y eleva a un servicio que toca lo sagrado? ¿Es el espíritu el que se hace prisionero de la materia, o no es quizás la materia, ya domada y obligada a cumplir leyes del espíritu, la que ofrece al propio espíritu un sublime homenaje?"

II

EL PLURALISMO Y LA ALTERNANCIA EN EL PODER COMO GARANTÍAS DE LA DEMOCRACIA[2]

PRELIMINAR

La adopción por la Corte Interamericana de Derechos Humanos de su Opinión Consultiva OC-28/21 relativa a "La figura de la reelección presidencial indefinida en sistemas presidenciales en el contexto del Sistema Interamericano de Derechos Humanos", marca un antes y un después en la exégesis internacional del principio de la democracia. Proscribe el fenómeno de la perpetuación en el ejercicio del poder. Aún más, sin decirlo, reafirma la existencia de un derecho humano a la democracia, totalizador e integrador del plexo de los derechos humanos que reconocen y aseguran, sea

---

[2]   Estudio preliminar del autor a la obra colectiva de Asdrúbal Aguiar A. y Allan R. Brewer-Carías (Editores), *Los principios de la democracia y la reelección presidencial indefinida* (Pronunciamientos de la Corte Interamericana de Derechos humanos y la Comisión de Venecia), Panamá, IDEA/EJV International, 2021 (896 pp.)

la Convención Americana de Derechos Humanos, sean, por remisión de esta, la Declaración Americana de Derechos del Hombre (1948) y la Carta Democrática Interamericana (2001).

Dicha Opinión Consultiva, adoptada el pasado 7 de junio y casi en vísperas del 20° aniversario de la aprobación de la mencionada Carta Democrática, señala los límites del principio de la No intervención en los asuntos internos de los Estados y sus autonomías para "elegir, sin injerencias externas, su sistema político, económico y social, y a organizarse en la forma que más le convenga" (Artículo 3 de la Carta de Bogotá que instituye a la Organización de los Estados Americanos, OEA). Despeja, de modo conclusivo, las reservas de algunos sectores políticos e incluso académicos en las Américas, entre otros la Secretaría General de la OEA durante el período 2005-2015 y el expresidente de los Estados Unidos, Jimmy Carter, quienes consideran a la Carta Democrática Interamericana – resolución de la Asamblea General – como un texto programático, de mera orientación y promoción dirigido a los Estados miembros, de suyo sin carácter prescriptivo: "de persuasión moral para prevenir el deterioro democrático", dice Carter al momento de inaugurar la Cátedra de las Américas (2005).

Cabe reconocer, con vistas a este histórico logro, la acertada decisión del gobierno del presidente colombiano Iván Duque Márquez y su fallecido canciller Carlos Holmes Trujillo, al presentar ante la Corte Interamericana la solicitud que da lugar a la señalada doctrina judicial vinculante; lo que ocurre, como cabe referirlo, a raíz de la instancia presentada ante aquél por los expresidentes de Bolivia y de Colombia, Jorge Tuto Quiroga y Andrés Pastrana Arango, sucesivamente acompañados, mediante un *amicus curiae*, por 20 de sus colegas expresidentes y participantes de la Iniciativa Democrática de España y las Américas (IDEA).

Otro tanto cabe decir de Luis Almagro, actual Secretario de la OEA, quien avanza sobre la cuestión a pedido del presidente Quiroga mencionado y logra que la Comisión de Venecia del Consejo de Europa (Comisión Europea para la Democracia por el Derecho) se expidiese, previamente, sobre la proscripción de la perpetuación en el ejercicio del poder presidencial.[3]

Tras la Segunda Gran Guerra del siglo XX y el Holocausto, emergen como principios y normas de orden público internacional los del respeto y la garantía universal de los derechos humanos; empero, a raíz del deconstructivismo que sufre hoy el Derecho internacional bajo las tendencias actuales hacia la globalización[4], aquellos y aquellas se han visto severamente menoscabados; sea por los que tremolan y buscan resucitar el dogma de la soberanía del Estado ante la disolución social de las naciones en avance y propician la inflación de tales derechos[5], banalizándoles, sea por quienes, dentro de estos, propugnan un emergente «derecho social al Estado». Tanto es así que, los mismos órganos del Sistema de Naciones Unidas – como el Consejo de Derechos Humanos – han venido dejando al arbitrio de sus mayorías políticas el caracterizar o no y el perseguir o no los crímenes de lesa humanidad.

---

[3] "Informe sobre los límites a la reelección" (Parte I – Presidentes), aprobado por la Comisión de Venecia en su 114ª Sesión Plenaria, 16 y 17 de marzo de 2018.

[4] Asdrúbal Aguiar, "Relectura deconstructivista del Derecho internacional en el siglo XXI", *Revista de Derecho Público*, 163-164, Caracas, Editorial Jurídica Venezolana, julio-diciembre 2020.

[5] *Vid.* Asdrúbal Aguiar A., *Calidad de la democracia y expansión de los derechos humanos*, Miami Dade College, 2017, pp. 160 y ss.

De allí que la autoridad y utilidad de la Corte Penal Internacional establecida con el Estatuto de Roma (1998), se encuentre en entredicho, dentro de un mundo en el que campean las violaciones generalizadas y sistemáticas de los derechos de la persona humana.

Al confirmarse que la Carta Democrática Interamericana "constituye un texto interpretativo tanto de la Carta de la OEA como de la Convención Americana"[6] o Pacto de San José de Costa Rica, y de suyo obligatorio, los elementos esenciales de la democracia y los componentes fundamentales de su ejercicio, resumidos por la Corte en el «principio de la democracia representativa»[7], adquieren su fuerza y mayor sentido. Son el contexto inexcusable para la garantía y la efectividad de los derechos humanos y para disponer los límites aceptables de éstos, dentro de las justas exigencias del bien común, tal y como lo prescribe la Convención citada.

En un esfuerzo de síntesis e innegable valor hacia el porvenir, acaso mostrándose «políticamente incorrecta», desafiando las tendencias globales que intentan debilitar el patrimonio republicano y democrático construido en las Américas desde 1826 y a partir del Congreso Anfictiónico de Panamá[8], la Opinión Consultiva que nos ocupa y dicta la Corte Interamericana resume, actualiza e innova su copiosa jurisprudencia democrática desarrollada desde el instante de su fundación[9]; por lo que decide, sin ambages, teniendo presente

---

[6] Párr. 29.

[7] Párr. 49.

[8] *Vid. In extensu*, Asdrúbal Aguiar, *El derecho a la democracia*, Colección de Estudios Políticos N° 87, Caracas, Editorial Jurídica Venezolana, 2008.

[9] Asdrúbal Aguiar, *Digesto de la democracia* (Jurisprudencia de la Corte Interamericana de Derechos Humanos 1987-2014), Colección

que "los Estados de la región han asumido la obligación de garantizar que su sistema de gobierno sea una democracia representativa"[10], lo siguiente:

a) "La interdependencia entre democracia, Estado de Derecho y protección de los derechos humanos es la base de todo el sistema" convencional interamericano.[11]

b) "El sistema interamericano, la Declaración Americana y la Convención no imponen a los Estados un sistema político, ni una modalidad determinada sobre las limitaciones de ejercer los derechos políticos. Los Estados pueden establecer su sistema político y regular los derechos políticos de acuerdo a sus necesidades históricas, políticas, sociales y culturales, las que pueden variar de una sociedad a otra, e incluso en una misma sociedad, en distintos momentos históricos. Sin embargo, las regulaciones que implementen los Estados deben ser compatibles con la Convención Americana, y, por ende, con los principios de la democracia representativa que subyacen en el sistema interamericano, incluyendo los que se desprenden de la Carta Democrática Interamericana".[12]

Sin mengua de lo anterior, es de mayor significación aún la convicción renovada de la Corte en cuanto a que "[l]a perpetuación en el poder, o el ejercicio de éste sin plazo alguno y con manifiesto propósito de perpetuación, son incompatibles con el ejercicio efectivo de la democracia".[13]

Derecho Público Iberoamericano N° 2, Buenos Aires / Caracas, Editorial Jurídica Venezolana, 2014.

[10] Párr. 99.

[11] Párr. 46.

[12] Párr. 86.

[13] Párr. 74.

Al efecto, rescata como fuente directa y antecedente de la Carta Democrática – en aplicación de la Convención de Viena sobre Derecho de los Tratados[14] – a la Declaración de Santiago de Chile de 1959; ya que como lo ha confirmado el Comité Jurídico Interamericano ésta enuncia "algunos de los atributos de la Democracia que están plenamente vigentes, los cuales deben relacionarse con los elementos esenciales y componentes fundamentales enumerados en la Carta" señalada.[15] En otras palabras, que son las mismas de la Corte, la alternancia en el ejercicio del poder es, concretamente, la cláusula de salvaguardia o el mecanismo idóneo de protección de la democracia, por ende, del propio Estado de Derecho y, como finalidad de ambas la de los derechos humanos. Así lo resume en dos de sus dicta:

"La perpetuación de una persona en el ejercicio de un cargo público conlleva al riesgo de que el pueblo deje de ser debidamente representado por sus elegidos, y que el sistema de gobierno se asemeje más a una autocracia que a una democracia. Esto puede suceder incluso existiendo elecciones periódicas y límites temporales para los mandatos".[16]

"El juego democrático solamente es posible si todas las partes respetan los límites impuestos por la ley que permiten la propia existencia de la democracia, como lo son los límites temporales de los mandatos presidenciales".[17]

---

[14]   Articulo 31, Regla general de interpretación.

[15]   Párr. 74.

[16]   Párr. 73.

[17]   Párr. 79.

EL CONTROL DEL DERECHO HUMANO A LA DEMOCRACIA: UN PUNTO DE LLEGADA Y DE CONVERGENCIA

Para llegar a sus conclusiones, la Corte Interamericana, después de haber desarrollado doctrinalmente todos y cada uno de los estándares de la democracia según ya lo dicho – reconocida la democracia como derecho del pueblo a tenor del artículo 1 de la Carta Democrática e integradora de todos los derechos conforme a las previsiones de la Convención Americana[18] – ajusta, al término, la importancia de que "los diversos órganos del Estado realicen, respectivamente, tanto el correspondiente control [preventivo] de convencionalidad" de la democracia como el control democrático de convencionalidad[19], agregaríamos nosotros:

"Como principio rector, [el principio de la democracia] articula la forma de organización política elegida por los Estados americanos para alcanzar los valores que el sistema quiere promover y proteger, entre los cuales se encuentra la plena vigencia de los derechos humanos. Como pauta interpretativa, brinda una clara orientación para su observancia a través de la división de poderes y el funcionamiento propicio de las instituciones democráticas de los Estados parte en el marco del Estado de Derecho", reza la Opinión Consultiva.[20]

---

[18] Preámbulo, artículos 29, c) y 32.2.

[19] *Vid.* Asdrúbal Aguiar, "Control de convencionalidad y diálogo jurisprudencial sobre la democracia. Teoría de la coherencia funcional", *Revista de Derecho Público*, 161-162, Caracas, Editorial Jurídica Venezolana, enero-junio 2020 y *Revista de Derecho Constitucional*, N° 16, Universidad del Salvador/IJ Editores, Buenos Aires, abril 2021.

[20] Párr. 56.

En concreto, el control de convencionalidad de la democracia provee a la salvaguarda de los elementos y componentes democráticos como tales y en su conjunto, en cuyo defecto mal puede predicarse, como reza el preámbulo de la Convención Americana, "un régimen de libertad personal y de justicia social, fundado en el respeto de los derechos esenciales del hombre" ni las garantías legislativas o de otro orden "que fueren necesarias para hacer efectivos tales derechos y libertades" (artículo 2 *ejusdem*). El control democrático de convencionalidad, a su vez, permite auscultar y delimitar el contexto democrático – su ausencia o debilidad – dentro del que tienen lugar las violaciones específicas e individuales de derechos humanos tutelados, agravando así las consecuencias de la responsabilidad internacional del Estado que se determine comprometido por acción u omisión.

La Corte es consciente del carácter crucial de lo anterior, ya que, como lo dice en su Opinión Consultiva, "la sola existencia de un régimen democrático no garantiza, per se, el permanente respeto del Derecho internacional, incluyendo al Derecho internacional de los derechos humanos".[21]

Lo expresa así:

"La legitimación democrática de determinados hechos o actos en una sociedad está limitada por las normas y obligaciones internacionales de protección de los derechos humanos reconocidos en tratados como la Convención Americana, de modo que la existencia de un verdadero régimen democrático está determinada por sus características tanto formales como sustanciales. En este sentido, existen límites a lo "susceptible de ser decidido" por parte de las mayorías en instancias democráticas, en las cuales

---

[21] Párr. 44.

también debe primar un control de convencionalidad, que es función y tarea de cualquier autoridad pública y no solo del Poder Judicial".[22]

En distintos textos de mi autoría he avanzado sobre la cuestión democrática hasta caracterizar a la democracia como derecho humano totalizante o transversal[23], que asegura todos los derechos para todas las personas una vez como logra zafarse de su mero corsé metodológico – ese que reduce la experiencia de la democracia a los procedimientos electorales para la organización del poder – y de la dictadura de las mayorías, al imponer que desde el Estado de Derecho la democracia y los derechos humanos se conjuguen con base en el principio *pro homine et libertatis* y no pro-Estado.

Ello se hace posible, a pesar de haberlo predicado la Carta de San Francisco (1945) tras la Segunda Gran Guerra del siglo XX, a partir del momento mismo en que por obra de la Tercera Revolución Industrial, la digital, en 1989 se difumina el valor del espacio o de lo territorial como odre insustituible para la gobernabilidad y la gobernanza democráticas dentro del Estado o Leviatán. No por azar, en línea con las construcciones doctrinales de Norberto Bobbio[24] y de su causahabiente intelectual, Luigi Ferrajoli[25], la Corte, en su dicta antes mencionado vuelve a reiterar sobre lo indecidible por las mayorías en una democracia, a saber y en términos metafóricos, acabar electoralmente con la experiencia sustantiva de la democracia.

---

[22] Párr. 44.

[23] Asdrúbal Aguiar, "El derecho a la democracia en la jurisprudencia interamericana". Buenos Aires, Academia Nacional de Derecho y Ciencias Sociales, *Anales*, Año LI, Segunda Época, Número 44, 2006.

[24] Norberto Bobbio, *El futuro de la democracia*, México, FCE, 2001.

[25] Luigi Ferrajoli, *Principia iuris: Teoría del Derecho y de la democracia*, Vol. 2: Teoría de la democracia, Editorial Trotta, 2011.

En mi texto citado sobre *El derecho a la democracia* abordo, en tal orden, la evolución de la doctrina democrática interamericana y su progresiva consolidación dentro del Derecho internacional regional, para demostrar que la adopción de la Carta Democrática Interamericana, más allá de las circunstancias políticas que la motivaran y que la propia Corte evoca sin señalarlo directamente, mal podía señalársele como un salto en el vacío o la disposición de un programa de buena voluntad que habrían de llevar a cabo los Estados parte dentro de la OEA. Es, antes bien, un punto de llegada o la cristalización de un largo proceso de transformación que ha permitido discernir el sentido finalista de la democracia en las Américas, forjado entre dictaduras militares e intersticios democráticos civiles y observando en el presente la degeneración de las democracias electorales en autoritarismos; por lo que la Carta, en precisión que hace la Corte, blinda a la democracia con un concreto "sistema de garantía colectiva".

"[E]s claro que el ejercicio efectivo de la democracia en los Estados americanos constituye una obligación jurídica internacional y estos soberanamente han consentido en que dicho ejercicio ha dejado de ser únicamente un asunto de su jurisdicción doméstica, interna o exclusiva", ajusta y repite la Corte en su Opinión Consultiva.[26]

Así las cosas, en el fragor del debate intelectual sobre el carácter vinculante de los elementos esenciales de la democracia y los componentes fundamentales de su ejercicio, en 2014 publico mi citado *Digesto de la democracia* sistematizando las seiscientas ochenta y una (681) enseñanzas de la Corte Interamericana que validan, con autoridad jurisprudencial, los estándares. Esa constatación fáctica me ha permitido observar que, dada la omisión tácita de los órganos políticos de la OEA

---

[26] Párr. 55

en cuanto a hacer valer el carácter vinculante de la Carta Democrática, en una etapa de provocado «desencanto» con o dentro de la democracia en distintos Estados parte, la Corte la ha reivindicado en ejercicio de su competencia contenciosa. La invoca y aplica, justamente, a partir del *Caso Herrera Ulloa vs. Costa Rica*, en 2004, y luego le da efectos directos para calificar supuestos concretos de violación agravada de derechos humanos en los *Casos de la Corte Suprema de Justicia y el Tribunal Constitucional del Ecuador* (2013).

El hecho que desprende las innovaciones que tras la Declaración de Santiago de Chile trae a la mesa hemisférica a la Carta Democrática, a partir del 11 de septiembre de 2001, fue radiografiado, desde la propia Corte, por uno de sus antiguos presidentes, Sergio García Ramírez. Ante el colegiado que integraba, advierte sobre las desviaciones o amenazas que afectan a la democracia en la región a propósito de su voto individual dentro del *Caso Escher y otros vs. Brasil* (2009), señalando con claridad meridiana que "para favorecer sus excesos, las tiranías clásicas que abrumaron a muchos países de nuestro hemisferio invocaron motivos de seguridad nacional, soberanía, paz pública. Con ese razonamiento escribieron su capítulo en la historia... Otras formas de autoritarismo, más de esta hora, invocan la seguridad pública, la lucha contra la delincuencia (o la pobreza, cabe añadirlo), para imponer restricciones a los derechos y justificar el menoscabo de la libertad. Con un discurso sesgado, atribuyen la inseguridad a las garantías constitucionales y, en suma, al propio Estado de Derecho, a la democracia y a la libertad", finaliza.[27]

---

[27] Párr. 124 del señalado caso contencioso

Ahora bien, a propósito de la Opinión Consultiva que nos ocupa, recuerda y hace valer la Corte con mejor concreción el antecedente referido y que es obra felizmente localizada de la experiencia regional en curso:

> "Este Tribunal advierte que el mayor peligro actual para las democracias de la región no es un rompimiento abrupto del orden constitucional, sino una erosión paulatina de las salvaguardas democráticas que pueden conducir a un régimen autoritario, incluso si este es electo mediante elecciones populares".[28]

Es innegable que los estándares de la democracia se han visto afectados con el paso del tiempo, en especial durante el curso de los treinta años que corren desde la caída de la Cortina de Hierro, en 1989, hasta el momento en que ocurre la pandemia universal de 2019. La experiencia real, como lo precisa la Corte en su Opinión Consultiva, muestra como índice de ello a aquellos países que han consagrado la reelección presidencial indefinida (Bolivia, Honduras, Nicaragua, Venezuela). Mas lo cierto es que también el Programa de las Naciones Unidas para el Desarrollo (PNUD) da cuenta de un supuesto desencanto democrático regional y en línea con el mismo, regresivamente, propone como solución "la necesidad de un Estado capaz de conducir el rumbo general de la sociedad".[29] Como también es cierto que los Estados fuertes y personalistas en avance, «dictaduras del siglo XXI» como las denomina el expresidente ecuatoriano, Osvaldo Hurtado L.[30], o

---

[28] Parr. 145 de la OC-28/21.

[29] PNUD, *La democracia en América Latina, Hacia una democracia de ciudadanos y ciudadanas*, Nueva York/Buenos Aires, Aguilar, Altea, Taurus, Alfaguara, S.A., 2004, p. 31.

[30] Osvaldo Hurtado, *Dictaduras del siglo XXI*, Madrid, Debate, 2021.

«democracias iliberales»,[31] tal y como las tamiza la academia justificándolas de modo tácito, estaban a la vuelta de la esquina a partir de los sucesos globales que se desprenden desde 1989 y sus ejemplos han sido mencionados.

Por ende, en otro texto de 2009, editado en México y cuya segunda edición ve luz en 2014[32], me veo obligado al testeo de los elementos y componentes de la democracia rescatados por la OEA a partir de 2001. Busco superar las reducciones conceptuales anteriores a la expedición de la Opinión Consultiva de la Corte Interamericana y revelo los efectos que sobre aquéllos y éstos ejerce la desconstrucción social, cultural, política y normativa del tiempo post bipolar, en lo domestico constitucional y en lo internacional.

Para sólo enunciar los elementos esenciales de la democracia dispuestos por el artículo 3 de la Carta Democrática Interamericana, el Estado de Derecho se está descodificando al igual que el estándar del respeto a los derechos humanos, por obra del emergente derecho humano a la diferencia y la pulverización social, sustitutivo aquél de la regla garantista a cuyo tenor todos los derechos son para todas las personas.

La celebración de elecciones periódicas como expresión de la soberanía popular acusa, por una parte, la desviación de las reelecciones en los distintos niveles de los gobiernos y no sólo en la presidencia, sin que el hecho electoral fortalezca, antes bien ha venido disminuyendo la eficacia o la confiabilidad de la experiencia de la democracia; mientras, por otra parte, son secuestradas las elecciones por aristocracias digitales proveedoras de algoritmos que, al final, son los que

---

[31]   Fareed Zakaria, *The Future of Freedom: Illiberal Democracy at Home and Abroad*, New York, W. W. Norton, 2003.

[32]   Asdrúbal Aguiar, *La democracia del siglo XXI y el final de los Estados*, Caracas, La Hoja del Norte, 2014.

determinan el lado hacia el que se ha de inclinar la balanza electoral.[33] El régimen de partidos y de asociación política se pulveriza, igualmente, en la misma medida en que se sobrepone la «ciudadanía digital» o ciberciudadanía[34]; tanto como el principio de la separación de poderes o de pesos y contrapesos institucionales, garantía crucial con la que cuentan las víctimas de poderes dictatoriales y/o autoritarios, acusa un ritmo de construcción normativa rezagado e ineficaz frente a la instantaneidad y deslocalización del mundo económico y social que fluye por las redes e impone reglas de potencia e impotencia a su paso mediante novísimas Tecnologías de Eliminación (TdE) de la competencia y en el contexto de un emergente capitalismo de vigilancia.[35]

Ciertamente, antes de la adopción por la Corte Inter-americana de Derechos Humanos de su memorable Opinión Consultiva – pues hará historia – y a la que se contraen estas apuntaciones y las páginas del libro-memoria en el que se han de insertar, me planteo en otro texto de más reciente publicación (2017) el desafío de la reconstrucción de dos de los paradigmas comentados, el de la democracia y de los derechos humanos.

---

[33] La Corte Federal Constitucional de Alemania declaró la inconstitU-cionalidad del voto electrónico. *Vid.* Julio Téllez Valdés, "Anotaciones sobre la inconstitucionalidad del voto electrónico en Alemania", México, UNAM-Instituto de Investigaciones Jurídicas, *Revista Mexicana de Derecho Electoral*, núm. 1, enero-junio de 2012, pp. 277-284.

[34] José Manuel Robles, *Ciudadanía digital: Una introducción a un nuevo concepto de ciudadano*, Barcelona, España, Editorial UOC, 2009.

[35] Shoshana Zuboff, *The Age of The Surveillance Capitalism: The Fight for a Human Future at de New Frontier of Power*, New York, PublicAffairs, 2019.

Las premisas que asumo al respecto y para el análisis, a tenor de lo antes dicho, son las siguientes:

"[L]os desafíos que acusa la democracia como consecuencia de la invertebración actual de las sociedades hispanoamericanas, el secuestro de los aparatos estatales por neopopulismos autoritarios y su apoyo por jueces constitucionales que vacían de contenido democrático a las constituciones; en un contexto de globalización digital que diluye los espacios territoriales de los Estados, afecta las mediaciones institucionales, hace inmediatas las relaciones de poder a través de los medios de comunicación social y provoca una inflación en los derechos humanos de grupos que los trivializan, afectándose el sentido mismo del pluralismo democrático y su relación con la coherencia social que reclama la vida política".[36]

Al ras de ese tránsito de observación me permití sugerir – acaso siguiendo las orientaciones del mencionado Ferrajoli – que era llegada hora de la «reinvención»[37] o, mejor, de la relectura normativa de la democracia sin dejar de sostener sus principios basales, pero adecuándolos a las realidades distintas que plantea el siglo XXI; comenzando por lo esencial: el restablecimiento del tejido social bajo un denominador común sensible a los valores éticos de la democracia, en modo que se reflejen en las nuevas categorías constitucionales que deban ser formuladas con prontitud.

---

[36] *Calidad de la democracia…*, cit., p. 11.

[37] La expresión la tomo del libro de Gabriel Gosselin y Anne Van Haecht (*La réinvention de la démocratie: Ethnicité et nacionalismes en Europe et dans le pays du Sud*, Paris, Editions L'Harmattan, 1994), que escriben en un momento en el que, luego del fin de la bipolaridad, emergen expresiones fundamentalistas en distintos espacios de Occidente.

La Opinión Consultiva de la Corte Interamericana viene a ser, cabe repetirlo, de una transcendencia fundamental al respecto. Cabe reconstruir, en efecto, a partir de sus enseñanzas más recientes, al cabo, *mutatis mutandis*, si válidas para las Américas de suyo compartidas por Europa, como lo confirma la opinión de la Comisión de Venecia mencionada con anterioridad.

LA RELECTURA DE LA DEMOCRACIA POR LA CORTE Y SU PROSCRIPCIÓN DEL EJERCICIO DEL PODER SIN TÉRMINO

En su Opinión Consultiva sobre el tema de la reelección de los presidentes, la Corte Interamericana hace un trazado preliminar sobre las relaciones de la democracia con el Estado de Derecho y los derechos humanos, insistiendo en la interdependencia entre estos como la base de todo el sistema del que forma parte la Convención Americana o Pacto de San José. Después fija los principios que, a su juicio, son definitorios y obligantes de la democracia representativa.

Lo que importa destacar, por ser lo novedoso, es que articula al conjunto de los elementos y componentes de la democracia, por una parte, en modo de sostener que unos y otros se sostienen y explican en sus relaciones y dentro conjunto, sin que puedan excluirse unos a otros u ordenarse jerárquicamente; por la otra, los relaciona con el conjunto de los derechos humanos tutelados por la Convención Americana, revelando, asimismo, que unos derechos necesitan de los otros y cada uno de ellos encuentra su sincronía con los estándares de la democracia, asegurándolos mediante una tutela judicial efectiva, la del Estado democrático de Derecho.

Dice bien la Corte, en consecuencia, que la obligación de respeto y garantía de los derechos humanos, dispuesta por el artículo 1 de la Convención Americana de Derechos Humanos, tiene como «presupuesto esencial» la consolidación democrática.[38]

A lo largo de su argumentación la Corte va definiendo, primeramente y en forma renovada, los alcances propios a cada elemento o componente estipulado por la Carta Democrática, tal y como puede constatarse seguidamente, en el preciso orden dispuesto por el artículo 3 de la Carta Democrática Interamericana:

a) *El respeto a los derechos humanos y las libertades fundamentales*

"La única forma como los derechos humanos pueden tener una eficacia normativa verdadera es reconociendo que ellos no pueden estar sometidos al criterio de las mayorías, ya que precisamente esos derechos han sido concebidos como limitaciones al principio mayoritario. Esta Corte ha resaltado que la protección de los derechos humanos constituye un límite infranqueable a la regla de mayorías, es decir, a la esfera de lo "susceptible de ser decidido" por parte de las mayorías en instancias democráticas. En efecto, no puede condicionarse la validez de un derecho humano reconocido por la Convención a los criterios de las mayorías y a su compatibilidad con los objetivos de interés general, por cuanto eso implicaría quitarle toda eficacia a la Convención y a los tratados internacionales de derechos humanos."[39]

---

[38]   Párr. 66.

[39]   Párr. 70.

b)   *El Estado de Derecho*

"El respeto al Estado de Derecho implica que las personas que ejercen el poder deben respetar las normas que hacen posible el juego democrático."[40]

"En una democracia representativa es necesario que el ejercicio del poder se encuentre sometido a reglas, fijadas de antemano y conocidas previamente por todos los ciudadanos, con el fin de evitar la arbitrariedad. Este es precisamente el sentido del concepto Estado de Derecho (mejor aún, del Estado constitucional democrático, según Bobbio y Ferrajoli). En esa medida el proceso democrático, requiere de ciertas reglas que limiten el poder de las mayorías expresado en las urnas para proteger a las minorías. Por lo tanto, las reglas de acceso al ejercicio del poder no pueden ser modificadas sin ningún límite por quienes temporalmente se encuentren ejerciendo el poder político. La identificación de la soberanía popular con la mayoría expresada en las urnas es insuficiente para atribuir a un régimen el carácter democrático, el cual se justifica realmente en el respeto de las minorías y la institucionalización del ejercicio del poder político, el cual está sujeto a límites jurídicos y sometido a un conjunto de controles."[41]

c)   *La celebración de elecciones*

"La realización de elecciones para escoger a los representantes del pueblo es uno de los fundamentos principales de las democracias representativas. Esta obligación de celebrar elecciones periódicas implica indirectamente que los mandatos de cargos de la Presidencia de la República deben tener un período fijo. Los presidentes no pueden ser

---

[40]   Párr. 144.

[41]   Párr. 71.

elegidos por plazos indefinidos. Este Tribunal resalta que la mayoría de los Estados Parte de la Convención incluyen en su legislación limitaciones temporales al mandato del presidente".[42]

"En este sentido, la Corte resalta que la democracia representativa se caracteriza por que el pueblo ejerce el poder mediante sus representantes establecidos por la Constitución, los cuales son elegidos en elecciones universales. La perpetuación de una persona en el ejercicio de un cargo público conlleva al riesgo de que el pueblo deje de ser debidamente representado por sus elegidos, y que el sistema de gobierno se asemeje más a una autocracia que a una democracia. Esto puede suceder incluso existiendo elecciones periódicas y límites temporales para los mandatos. La obligación de realizar elecciones periódicas unido a lo señalado por la Declaración de Santiago es posible concluir que los principios de la democracia representativa que fundan el sistema interamericano incluyen la obligación de evitar que una persona se perpetúe en el poder".[43]

d) *El régimen plural de partidos y organizaciones políticas*

"La periodicidad de las elecciones, también tiene como objetivo asegurar que distintos partidos políticos o corrientes ideológicas puedan acceder al poder. Sobre este punto, la Carta Democrática Interamericana establece que otro de los elementos de la democracia representativa es el "régimen plural de partidos y organizaciones políticas".

---

[42] Párr. 72.

[43] Párr. 73.

En este sentido, este Tribunal resalta que las agrupaciones y los partidos políticos tienen un papel esencial en el desarrollo democrático".[44]

"La democracia representativa, así como la obligación de garantizar los derechos humanos sin discriminación, parten del hecho de que en la sociedad existen una diversidad de corrientes e ideologías políticas. Por ende, no existen opiniones o tendencias que sean unánimemente aceptadas. Independientemente de si la persona en el poder cuenta con el apoyo de la mayoría de los votantes, los Estados deben siempre respetar y garantizar la libertad de expresión y derecho de participación política de las minorías. En este sentido, la Corte reafirma que, en los términos del artículo 1.1 de la Convención, en una sociedad democrática una persona nunca podría ser discriminada por sus opiniones políticas o por ejercer legítimamente derechos políticos. Por lo tanto, este Tribunal considera que la permanencia en funciones de una misma persona en el cargo de la Presidencia de forma ilimitada propicia tendencias hegemónicas que resultan en el menoscabo de los derechos políticos de los grupos minoritarios y que, en consecuencia, minan el régimen plural de partidos y organizaciones políticas."[45]

e)   *La separación e independencia de los poderes públicos*

"La separación del poder del Estado en distintas ramas y órganos guarda estrecha relación con el propósito de preservar la libertad de los asociados, bajo el entendido de que la concentración del poder implica la tiranía y la

---

[44]   Párr. 76.

[45]   Párr. 133.

opresión, así como la división de funciones estatales permite el cumplimiento eficiente de las diversas finalidades encomendadas al Estado".[46]

"Se tiene entonces que la separación e independencia de los poderes públicos limita el alcance del poder que ejerce cada órgano estatal y, de esta manera, previene su indebida injerencia sobre la actividad de los asociados, garantizando el goce efectivo de una mayor libertad".[47]

"Ahora bien, la separación e independencia de los poderes públicos supone la existencia de un sistema de control y de fiscalizaciones, como regulador constante del equilibrio entre los poderes públicos. Este modelo denominado "de frenos y contrapesos" no presupone que la armonía entre los órganos que cumplen las funciones clásicas del poder público sea una consecuencia espontánea de una adecuada delimitación funcional y de la ausencia de interferencias en el ejercicio de sus competencias. Por el contrario, el balance de poderes es un resultado que se realiza y reafirma continuamente, mediante el control político de unos órganos en las tareas correspondientes a otros y las relaciones de colaboración entre las distintas ramas del poder público en el ejercicio de sus competencias."[48]

Lo central, según lo ya dicho, es lo afirmado por la Corte en cuanto a la interdependencia de los elementos esenciales e incluso de los componentes fundamentales de la democracia, pudiendo decirse, sin riesgo de equívoco, que la fractura de alguno de aquellos, como un río que sin detenerse avanza

---

[46] Párr. 80.

[47] Párr. 81.

[48] Párr. 82.

hacia la desembocadura, regularmente arrastra o compromete no sólo a los otros, sino a la vigencia y efectividad de los derechos humanos y a la garantía del Estado democrático y de Derecho: "[T]odos los anteriores criterios están estrechamente relacionados. En efecto, la separación de poderes, el pluralismo político y la realización de elecciones periódicas son también garantías para el efectivo respeto de los derechos y las libertades fundamentales," refiere la Corte en su Opinión Consultiva.[49]

UN EPÍLOGO BREVE

Si cabe una enseñanza matriz de todo cuando señala y concluye la Corte Interamericana de Derechos Humanos en su Opinión Consultiva desbrozada en términos gruesos, es que sobre la base del «pluralismo» social y político se levanta el edificio de la democracia, es posible sostener como su finalidad un régimen de reconocimiento y tutela universal de los derechos inherentes a la persona o derechos humanos, y justificar la necesidad arbitral de un Estado de Derecho y sus leyes; todo lo cual pierde su sentido si se fisuran y desmoronas algunas de dichas columnas. "[L]os principios de la democracia representativa que fundan el sistema interamericano incluyen la obligación de evitar que una persona se perpetúe en el poder", es el desiderátum vertebral que nos deja la decisión consultiva comentada.[50]

El conjunto argumental de lo expuesto en la Opinión Consultiva, en nuestra apreciación, ancla sobre la idea del pluralismo democrático; algo muy distinto – como cabe anotarlo – de la pulverización social y la expansión ilimitada que se aprecia en las Américas y en Occidente de emergentes

---

[49] Párr. 83.

[50] Párr. 75.

y particulares «derechos a la diferencia», que trastornan culturas y vacían a los soportes del Estado que han sido las naciones.

La relación integral y sistemática entre la democracia, el Estado de Derecho, y los derechos humanos, que precisa la Corte de imperativa, la resume, a la luz de lo anterior, en su dicta integrador de todo el conjunto normativo convencional y declarativo al que apela para su exégesis consultiva: "El pluralismo político es fomentado por la Convención Americana al establecer el derecho de todos los ciudadanos a ser elegidos y de tener acceso, en condiciones generales de igualdad, a las funciones públicas de su país, la libertad de pensamiento y expresión, el derecho de reunión, el derecho de asociación y la obligación de garantizar los derechos [todos los reconocidos y los inherentes, como reza la Convención] sin discriminación."[51]

A guisa de las descripciones y apuntaciones precedentes al margen que me suscitan las elaboraciones que sobre la democracia e *in extensu*, con magistral brevedad, logra trazar la Corte Interamericana de Derechos Humanos en su Opinión Consultiva sobre la reelección presidencial indefinida, no veo impedimento en concluir con algunas de mis apreciaciones recientes sobre la cuestión de la democracia.

En mi señalado libro sobre *Calidad de la democracia y expansión de los derechos humanos*, concluyo el título correspondiente con cuatro predicados que juzgo de inexcusables sobre la experiencia de aquella y con vistas a su renovación de cara a los desafíos del corriente siglo, a saber: a) La democracia como derecho humano colectivo; b) la democracia como derecho y servicio a la verdad; c) la democracia como representatividad de lo social; y d) la democracia como realización de la Justicia y garantía de su coherencia.

---

[51]   Párr. 77.

De modo que, sobre tales proposiciones me atrevo a afirmar, entonces, que en la práctica resolver sobre los derechos humanos y acerca de sus garantías dentro de un Estado de Derecho implica, en primer término, contextualizar democráticamente, como ahora lo demanda la Corte; es decir, afirmar el derecho a la democracia y al término resolver – ¿acaso el juez constitucional o el parlamento, o ambos a la vez, en sus tareas esenciales de guardianes de la Constitución y de las obligaciones internacionales que los vinculan como contralores? – sobre la base de la naturaleza de la persona humana, entre derechos que se aleguen o se opongan y sus tutelas, dándosele textura de base a la diversidad social, linderos democráticos al pluralismo, y circunscribiendo el todo a las exigencias ineludibles del bien común dentro de la misma democracia.

III

LA DIMENSIÓN SOCIAL DE LA DEMOCRACIA Y SU ESTATUTO INTERAMERICANO[52]

1.   Una consideración contextual se impone a propósito del planteamiento de la sustentabilidad del llamado Estado democrático de Derecho, a la luz de los así denominados derechos humanos de segunda generación – derechos económicos, sociales y culturales – o derechos sociales y colectivos, y los retos o riesgos que para éstos y para aquél significa el fenómeno de la globalización o mundialización en curso.

2.   Dominan varios criterios o mejor creencias, que se hacen dogmas políticos apoyándose en lo anecdótico o en añejas prevenciones ideológicas y que apuntan de conjunto a sostener (1) la supuesta negación de los derechos económicos, sociales y culturales dentro del conocido Estado liberal clásico o Estado de Derecho que nos lega la modernidad, y de allí la

---

[52]   Exposición ante el XIX Encuentro de Presidentes y Magistrados de las Salas Constitucionales de América Latina (Santiago de Chile, 15 de noviembre de 2012), publicado en el *Anuario de Derecho Constitucional Latinoamericano*, Año XIX, Fundación Konrad Adenauer, Bogotá, 2013, pp. 225-226.

urgencia de su reconversión contemporánea, para lo que no basta el desarrollo alcanzado por aquél en los odres del Estado social de Derecho; (2) la relevancia que toman estos derechos humanos específicos – en lo particular dentro del contexto social dominante en las Américas – a un punto tal que deberían subordinársele los derechos civiles y políticos o de primera generación; y/o (3) la pretendida declinación de la democracia representativa a la luz de las exigencias del siglo XXI en curso, y de suyo, la mutación de la democracia, como hecho político neto, en democracia social y necesariamente directa. Al efecto el Estado y la ley deben realizarla y no solo servirla, pues cabe protegerla – a la sociedad – tanto de los fenómenos disolventes que procuran en lo interno o doméstico la señalada concepción liberal o los señalados "grupos de presión" o de interés paralelos al Estado y que son posibles dentro de llamado Estado mínimo, como de los riesgos de igual fractura que implica la globalización para la unidad e identidad de la propia nación, en suma, para su plenitud e intangibilidad como depositaria esencial de la soberanía.

3. A manera de introito y a propósito de lo anterior, permítaseme una digresión de orden constitucional e histórico. La Constitución de Cádiz de 1812, cuyo bicentenario se conmemora en la actualidad, es considerada como el patrón o paradigma del constitucionalismo liberal (Asdrúbal Aguiar, *Libertades y emancipación en las Cortes de Cádiz de 1812*, Caracas, Editorial Jurídica Venezolana, 2012). Su influencia – sin mengua de los elementos que aportan las revoluciones americana y francesa del siglo XVIII – se hace sentir sobre la arquitectura constitucional portuguesa, italiana, centroamericana y suramericana, amén de marcarle los pasos a los constituyentes de Apatzigán; para no referir sus aportes interesantes a los decembristas rusos. Dicho texto, conocido como La Pepa, procura la idea de la soberanía nacional; le fija límites a los poderes estatales incluido el del monarca, dado que la limitación del poder es el cometido de la democracia: como lo

recuerda hoy Karl R. Popper ("Licencia para hacer televisión", Nexos No. 220, México, abril de 1996); instituye con carácter pionero mecanismos de control concentrado y difuso de la constitucionalidad; y afirma como derechos objeto de tutela por la misma Constitución a la libertad civil, la propiedad y los demás derechos legítimos de los individuos, con lo que apunta al criterio contemporáneo de los derechos inherentes. Y al prescribir, mediando una mora, el voto censitario para la formación de los cuerpos municipales y de elección popular, dicha Constitución anuda – a diferencia de lo que se cree y predica sobre el Estado liberal – con una teleología de arraigada impronta social. El ejercicio de voto activo y pasivo, base para la construcción del orden constitucional señalado, se considera que debe corresponder a ciudadanos con renta y propiedades, cuya obtención ha de favorecer el mismo Estado.

4. Quien revise cuidadosamente las actas de las Cortes Generales y Extraordinarias que se reúnen en el citado puerto extremeño luego de la invasión napoleónica a España y en un momento en que el fenómeno "juntista" toma cuerpo igual en las Américas, puede constatar, leyendo incluso las obras del "divino" Agustín de Arguelles (*Examen histórico de la Reforma Constitucional*, Tomos I y II, Londres, Imprenta de Carlos Woods e hijo, 1835), quien ejerce influencia determinante en las labores de la comisión de constitución, que para la época la mayoría de las propiedades son controladas por institutos de manos muertas; tanto como en América la propiedad de la tierra pasa a manos de y se la distribuyen luego, monopólicamente, los ejércitos realizadores de la Independencia y a título de premio de guerra.

5. Argüelles considera, por lo mismo, que el otorgamiento de propiedad a cada indígena o poblador – baldíos y otras tierras realengas – y su titulación con fines de emprender lo que luego, durante el siglo XX, se conoce como la reforma agraria, le da una base de autonomía y suficiencia a cada individuo para ejercer libremente, sin dependencias ni hipo-

tecas, su libertad política, su derecho a la participación democrática. Todavía más, ha lugar por lo antes dicho a la creación de cajas agrícolas, para el financiamiento de la explotación de las tierras así otorgadas. La propiedad y, de modo específico, la ciudadanía social, desde entonces es considerada por el constitucionalismo liberal como la primera premisa de la ciudadanía política y su ejercicio. Y es al amparo de ese modelo constitucional de limitación de poder y subordinación del mismo a los derechos humanos y su garantía, el que luego y en términos generales también inauguran las repúblicas latinoamericanas una vez como declaran su voluntad de emanciparse; pero es también el que cede, como cabe recordarlo, bajo la fuerza de los hechos. La ley civil o de las levitas es sustituida por la ley de las espadas y los cañones, así en América como en la Madre Patria; y tal modelo constitucional civil y liberal es tachado al considerársele ora atentatorio contra su poder absoluto por Fernando VII, ora como producto de disquisiciones de filósofos quienes imaginan repúblicas aéreas, en el decir de Simón Bolívar.

6. Una segunda precisión que cabe, en el plano estrictamente normativo, es la conjunción que se da entre la ciudadanía política y la recién denominada ciudadanía social, desde la hora inaugural del Sistema Interamericano. Se dice, en efecto y en el plano de lo constitucional, sobre el desvalor que el actual estado de cosas y el que le precede les atribuyen a los derechos sociales, derivando en ineficaces jurídicamente; y se arguye la artificial estima que ocurre de la democracia política por parte de los actores políticos partidarios o de los llamados grupos de poder, en un momento en que ella cede y se derrumba ante la opinión de las mayorías, ávidas de satisfacer antes sus necesidades vitales. Y lo así dicho no es reiterativo o especulación. Los Informes del PNUD – elaborados bajo la dirección del ex canciller Dante Caputo – evalúan y concluyen, se dice que empíricamente, en lo anterior. Dan cuenta, en sus versiones de 2004 (PNUD, La

democracia en América Latina, New York) y 2010 (PNUD/ OEA, Nuestra Democracia, México, FCE): la última avalada por la OEA, del poco interés que mostraría la gente por la práctica democrática – que el común confunde con los políticos, los jueces y los legisladores – y a la luz de sus urgencias perentorias de bienestar. Ahora bien, sin mengua del sesgo que, como lo creo, introduce la pregunta sobre la democracia ante la opinión consultada, a la que no se le plantea como alternativa más exacta la libertad frente al progreso, y si bien tales informes procuran el reconocimiento conveniente de esa ciudadanía social ante la que no basta la ciudadanía política, y aun advirtiendo ellos que la crisis que ocurre ha lugar dentro y no fuera de la democracia, la terapéutica que proponen es fortalecer el poder del Estado y sus instituciones.

7.   Ahora bien, ¿puede afirmarse, en buena lid, que existe una mora en el reconocimiento y tutela jurídicos de los derechos económicos y sociales, quedando ellos a la saga antes las exigencias formales de la democracia? La respuesta, sin ser ambigua, es sí y es no.

8.   En el plano jurídico interamericano la realidad es otra (Asdrúbal Aguiar, *El derecho a la democracia*, Caracas, Editorial Jurídica Venezolana, 2008). La IX Conferencia Internacional Americana, en 1948, antes adoptar la Declaración Americana de los Derechos y Deberes del Hombre, que se anticipa a la Declaración equivalente que adopta la Asamblea General de la ONU el mismo año, se compromete textual- mente – mediante su Resolución XXII – a la realización de "un estado de justicia social que, por la acción concurrente de todos los factores nacionales y, mediante la legislación progresista necesaria, elimine la miseria, el abandono y la explotación del hombre por el hombre". Y al señalar luego, en la citada Declaración Americana que los derechos y deberes se han de integrar correlativamente en toda actividad social y política del hombre, junto con prescribir los tradicionales derechos civiles y políticos reconoce expresamente desde ya

los derechos a la familia y a la protección de la maternidad y la infancia (artículos VI y VII); a la salud, a la alimentación y a la vivienda (artículo XI); a la educación, la cultura, y el trabajo (artículos XII, XIII y XIV); al descanso y a la seguridad social (artículos XV y XVI); y a la propiedad (artículo XXIII), bajo el argumento de satisfacerse – con tal derecho de propiedad y en el mejor sentido gaditano – "las necesidades esenciales de una vida decorosa, que contribuya a mantener la dignidad de la persona y del hogar". No solo eso, a tenor del mismo instrumento se consagran los deberes de toda persona en cuanto a su cooperación obligante para con el Estado y la comunidad "en la asistencia y seguridad sociales", y el deber del trabajo de toda persona, "a fin de obtener recursos para su subsistencia o en beneficio de la comunidad".

9.   La referida IX Conferencia Internacional Americana, por lo demás, en interpretación y ampliación del artículo 14 de la Declaración Americana o como su "desarrollo concreto" anticipado, adopta la poco conocida u olvidada Declaración Internacional Americana de Garantías Sociales. La misma, en apreciación ajustada que realiza el ilustre y fallecido jurista y político colombiano, Diego Uribe Vargas (Del autor, *Los derechos humanos y el sistema interamericano*, Madrid, Ediciones Cultura Hispánica, 1972), fija un mínimum estándar hemisférico, que obliga a los Estados y sujeta a sus legislaciones relativas a la contratación individual de trabajo, a los contratos colectivos, al salario, al descanso y las vacaciones, y al derecho a la huelga entre otros derechos laborales. Todavía más, en su Preámbulo, tal Carta de Garantías Sociales hace constar "que los fines del Estado no se cumplen con el solo reconocimiento de los derechos del ciudadano, sino que el Estado – por vía de un desdoblamiento funcional o remisión del Derecho internacional hacia el Derecho interno – debe preocuparse por la suerte de los hombres y mujeres, considerados ya no como ciudadanos sino como personas"; de donde, como reza dicha Carta, "el

94

presente grado de evolución jurídica exige a los regímenes democráticos garantizar simultáneamente el respeto a las libertades políticas y del espíritu y la realización de los postulados de la justicia social".

10. Hacia 1959, la Quinta Reunión de Consulta de Ministros de Relaciones Exteriores, suscribe la Declaración de Santiago. Se anticipa al texto de la novísima Carta Democrática Interamericana de 2001, considerando desde ya que "el ejercicio efectivo de la democracia representativa – vale decir que la misma no se reduce al mero acto electoral – es el mejor medio de promover [los pueblos] su progreso político y social". Y al efecto, recordando tal Declaración la Resolución XXXII sobre Preservación y Defensa de la Democracia en América, que adopta en 1948 y en la que expresa su decisión "de mantener y estimular una efectiva política social y económica, destinada a elevar el nivel de vida de sus pueblos, así como su convicción de que sólo en un régimen fundado en las garantías de las libertades y derechos esenciales de la persona humana, es posible alcanzar este propósito", a la sazón prescribe, dentro de los estándares de la democracia, el deber de los Estados de cooperar "en la medida de sus recursos y dentro de los términos de sus leyes para consolidar y desarrollar – con el fin de fortalecer las instituciones democráticas – su estructura económica, y con el fin de conseguir justas y humanas condiciones de vida para sus pueblos".

11. Ese mismo año es creada la Comisión Interamericana de Derechos Humanos y su primer Estatuto, adoptado en 1960, le encomienda promover entre los Estados – como mecanismo incipiente de tutela y garantía internacional que comienza a serlo – el respeto de los derechos humanos (artículo 1), y declara entender como tales derechos los consagrados, justamente, en la Declaración Americana (artículo 2). Desde entonces y a la luz de ésta, bajo los criterios de progresividad, interrelación e interdependencia entre todos los derechos y sus respectivas garantías por el Derecho nacional, sus normas

representan "el sistema inicial de protección" que manda proveer a la realización de los derechos económicos y sociales o de segunda generación, junto a los llamados de primera generación, o civiles y políticos.

12. Luego, una vez como es adoptada la Convención Americana de Derechos Humanos, firmada en 1969 y en vigencia desde 1978, su texto hace una precisión que es vertebral a sus enunciados antecedentes como a los derechos que consagra y para el control de convencionalidad que a propósito de los mismos y de las obligaciones que asumen los Estados partes aquélla le encomienda a la Comisión Inter-americana – en calidad de Ministerio Público – y a la Corte, como entidad jurisdiccional del Sistema. La Convención entiende que "el respeto de los derechos esenciales del hombre" – tanto los políticos como los sociales – solo es posible dentro del cuadro de las instituciones democráticas (Preámbulo); que las normas que contiene la misma Convención, en su interpretación, no puede excluir "otros derechos y garantías que son inherentes al ser humano o que se derivan de la forma democrática representativa de gobierno" (artículo 29, c); finalmente, que los "derechos de cada persona están limitados" – entre otros supuestos – por "las justas exigencias del bien común, en una sociedad democrática" (artículo 32, 2), y respecto de todo lo anterior, mal puede limitarse "el efecto que puedan producir la Declaración Americana de Derechos y Deberes del Hombre y otros actos internacionales de la misma naturaleza".

13. De modo que, la tutela convencional interamericana de los denominados derechos económicos, sociales y culturales no es nominalmente extraña al Pacto de San José. El derecho de petición que consagra éste en su artículo 44 se refiere a las "denuncias o quejas de violación" del mismo, *in totus*, por un Estado parte. Y los derechos objeto de tutela son los ya conocidos y enunciados – sin que constituyan *numerus clausus* – como derechos de primera generación (artículos 3 a 25), sin

que se limiten a ellos, pues la citada norma de interpretación, contenida en el artículo 29 *ejusdem* remite al contenido de las Declaraciones supra indicadas y prescribe el criterio expansivo de derechos que involucra la "inherencia". Al efecto, los derechos sociales o de segunda generación, son los contenidos en tales instrumentos y aquéllos que constan en los artículos 29 a 51 de la Carta de la OEA de 1948 y a la que remite la Convención Americana en su artículo 26, apuntando al criterio de la progresividad o "desarrollo progresivo". Los Estados partes, es cierto, "se comprometen a adoptar providencias...para lograr progresivamente la plena efectividad" de los derechos en cuestión.

14. La cuestión central y el debate procede, aquí sí, no tanto y en cuanto al reconocimiento de los derechos sociales o la ciudadanía especial – la denominada ciudadanía social – que procura éste conforme a los instrumentos internacionales señalados, como tampoco respecto de la tutela que indefectiblemente les corresponde; sino en lo relativo a la idea de la progresividad o la denominada falta de inmediatez que los caracterizaría, haciéndose compleja su tutela convencional pero nunca inhibiéndola. Al respecto me referiré seguidamente, luego de un comentario indispensable y muy esclarecedor acerca del último texto normativo que sigue en la cadena descrita.

15. El Protocolo Adicional a la Convención Americana de Derechos Humanos en materia de Derechos económicos, sociales y culturales, también conocido como Protocolo de San Salvador, adoptado en 1988 y en vigor a partir de 1999, teniendo como Estados partes sólo a 16 de los 33 países signatarios, logra delinear de forma más exacta o precisa las obligaciones de respeto y garantía que acerca de tales derechos pesan sobre los Estados. Igualmente, avanza en el desarrollo del núcleo pétreo de los mismos, a saber, del derecho al trabajo y a sus condiciones, a la sindicación, a la seguridad social, a la salud, a un medio ambiente sano, a la alimentación,

a la educación, a la cultura, a la constitución y protección de la familia, a la niñez, y a la protección de los ancianos y los minusválidos. De modo que, respecto de éstos, cada Estado parte, atado a los principios de no discriminación, de prohibición de menoscabo de los derechos ya reconocidos y sus alcances, y de limitaciones a los mismos que no afecten a la democracia ni contradigan el propósito y razón que los anima, debe adoptar medidas de garantía en su Derecho interno, sean administrativas, legislativas o judiciales. Pero la obligación de cada Estado respecto de tales derechos – sin afectar los principios anteriores y a fin de facilitar la tutela correspondiente – se rige por varias reglas que reducen los espacios de discrecionalidad o limitan el ámbito de las decisiones políticas no regladas o sujetas a control convencional, a saber: (1) la "necesariedad" de las medidas, (2) la "maximalidad" de los recursos disponibles, (3) la proporcionalidad al grado de desarrollo, (4) la progresividad, y (5) la efectividad de los derechos, en otras palabras, el efecto útil de las medidas conducentes a su realización.

16. No obstante lo anterior, el Pacto de San Salvador, a la par que nutre, hace exégesis y promueve un desarrollo normativo importante en el campo de los derechos sociales o colectivos que reconoce el Sistema Interamericano desde su fundación – y a cuyo efecto provee a su tutela en sede internacional – por voluntad de sus Estados partes y gobiernos se promueve una regresividad al respecto. Se intenta volver a los fueros del voluntarismo estatal, tal y como lo expresan los documentos de 1948, y se reduce el marco de actuación de los órganos de tutela supranacional que nacen con la Convención Americana de 1969. El Protocolo Adicional en cuestión refuerza el control político del Sistema – bajo el régimen de informes – y en manos de los órganos de la OEA, incluida la Comisión Interamericana de Derechos Humanos, que puede observar y recomendar; y sostiene el control jurídico y judicial – encomendado a la misma Comisión y la Corte Interame-

ricanas – únicamente de los derechos a la formación de sindicatos (artículo 8, a) y el derecho a la educación (artículo 13), postergándose los otros.

Se opera así una nueva bicefalia. A la parte representada por el sistema de reconocimiento de derechos y su protección política asumido en 1948, que renvía al Derecho nacional para la efectividad de éstos y que obliga a todos los Estados miembros de la OEA, sobreviene luego el sistema heterónomo y judicial de San José de Costa Rica, que obliga sólo a los Estados partes de la Convención Americana; pero ahora, en el campo de los derechos sociales y colectivos, que paulatinamente avanza hacia ese sistema de tutela judicial interamericano compartido con los Estados partes de la misma Convención, sobreviene un debilitamiento de éste sistema prefiriéndose el régimen de la observación política.

17. Sin mengua de que dicha circunstancia pone en evidencia y de manifiesto la doblez de los Estados y gobiernos quienes fijan su discurso preferente en el ámbito de los derechos sociales y con desventaja cada vez más acentuada para los derechos civiles y políticos, lo que replantea el Protocolo de San Salvador es el debate acerca de la oposición normativa y operativa entre éstos y aquéllos derechos, a la luz de la creencia a cuyo tenor – lo recuerdan oportunamente V. Abramovich y C. Courtis (De los autores, *Los derechos sociales como derechos exigibles*, Madrid, Editorial Trotta, 2002) – la justiciabilidad de los derechos económicos y sociales es producto de un "defecto de nacimiento", en otras palabras de la distinta naturaleza jurídica que acusan frente a los derechos clásicos, civiles y ciudadanos. Según dicha tesis, estos derechos de primer género causan "exclusivamente obligaciones negativas o de abstención" a cargo del Estado liberal o mínimo, en tanto que aquéllos implican "obligaciones positivas que en la mayoría de los casos deberían solventarse con recursos del erario público".

Por lo demás, apreciándose, a la luz de lo anterior, que los derechos económicos y sociales se aproximan mejor a propuestas o cometidos políticos que, dada la progresividad que les caracteriza, le otorgan al Estado un margen de discrecionalidad o de juicio político no susceptible de control judicial, la no justiciabilidad de los mismos casi que se impone como regla, tal y como lo muestra el Protocolo de San Salvador.

18. Lo cierto, sin embargo, es que, si bien puede mediar una diferencia de "grado" en el campo de las obligaciones de respeto y garantía de los derechos humanos que tienen los Estados, conforme al Derecho interamericano, unos y otros derechos, revisados críticamente y a la luz de cada supuesto de vulneración, trátese de derechos de primera o de segunda generación, implican obligaciones de hacer o de no hacer, de respeto, de protección, de garantía, o de promoción. La diferenciación entre unos y otros es esencialmente heurística – insisten en ello Abramovich y Courtis – y todos a uno forman un continuum de derechos, como lo revela la evolución en la materia dentro del Sistema Interamericano de Derechos Humanos, que ciertamente ha provocado una paulatina "juridificación del bienestar". El derecho al voto, a manera de ejemplo, le impone al Estado la creación de las condiciones jurídicas e institucionales que lo faciliten, tanto como el derecho a la educación le impone al Estado abstenerse de empeorarla o impedir a alguna persona su acceso a la misma. El asunto de la justiciabilidad de los derechos económicos, sociales y culturales es, pues, más complejo, y apunta o exige sobre todo de una labor jurisdiccional sostenida, que permita identificar, atendiendo a supuestos concretos de violación "las obligaciones mínimas de los Estados en relación con los derechos económicos, sociales y culturales". Ello, como lo creo y en opinión distinta a la de los distintos autores que he citado, no ocurre tanto por un "déficit del derecho constitucional o del derecho

internacional de los derechos humanos", como por una falta acusada de voluntad política por parte de los gobiernos y de rezago, en términos similares, por parte de la justicia constitucional y también supranacional.

19. Dos aspectos preocupan al margen del "estado de cosas" mas que del *statu quo* del Derecho que involucra el respeto y la garantía de los derechos sociales como soporte de la experiencia democrática. Uno es el relativo al carácter preferentemente colectivo de los derechos sociales y por ende de las denuncias que implican a sus violaciones, y el otro, lo inconveniente de que la Justicia convencional o constitucional intente sustituir, en sus competencias propias, a los responsables de la definición, planificación y ejecución de las políticas públicas. Al respecto, de modo sucinto, cabe responder – si cabe el ejemplo de la Corte Interamericana de Derechos Humanos – que el conocimiento de denuncias individuales cuyo resultado se traduce en beneficios particulares para la víctima de una violación, la sentencia declarativa de responsabilidad ejerce a la par efectos modeladores y socialmente eficaces sobre las conductas del Estado y las políticas que hayan hecho posible el desconocimiento de los indicados derechos sociales o su favorecimiento discri-minatorio.

20. Finalmente, en cuanto al renglón de las célebres political questions o cuestiones políticas no justiciables, no es impertinente extrapolar al caso de los derechos sociales y colectivos como a las obligaciones de respeto y garantía que ellos demandan, las enseñanzas de la misma Corte de San José, en el caso del Tribunal Constitucional vs. Perú de 2001, y que sirven a todos los elementos de juicio antes esbozados. "La salvaguarda de la persona frente al ejercicio arbitrario del poder público – acciones u omisiones o en general comporta-mientos de éste – es el objetivo primordial de la protección... en este sentido, la inexistencia de recursos internos efectivos coloca a la víctima en esta de indefensión... (y) constituye

una transgresión de la misma (Convención Americana) por el Estado Parte" (párr. 89). Y si bien, la decisión de una cuestión política "no puede ser abiertamente evaluada en sede jurisdiccional... también es cierto que tal potestad no es ilimitada o absolutamente discrecional, sino que se encuentra sometida a ciertos parámetros, uno de ellos y quizás el principal, el de su ejercicio conforme al principio de razonabilidad..." (párr. 95).

21. Una última consideración cabe, en orden a las creencias enunciadas al principio de esta exposición, y hace relación directa con el reclamo de un avance desde la democracia de representación hacia la democracia participativa o directa, a objeto de solventar las deficiencias que acusa, en la hora presente y en el marco de la globalización imperante, la realización de los derechos económicos, sociales y culturales. La Carta Democrática Interamericana, que es interpretación auténtica de la Convención Americana de Derechos Humanos y cuyos estándares ocupan 631 enseñanzas jurisprudenciales de la Corte (Asdrúbal Aguiar, *La jurisprudencia de la Corte Interamericana de Derechos Humanos sobre la democracia 1987-2012*, San José de Costa Rica / Caracas, Ediciones Jurídicas S.A. / Editorial Jurídica Venezolana, en imprenta) por ende útiles y vinculantes para el control de tutela que ella ejerce y cabe cumplir, prima facie, a los órganos del Estado, prescribe expresamente que la democracia representativa ha de ser fortalecida con la participación permanente de la ciudadana – en el control o vigilancia cotidiana del poder y la gestión estatal – en un marco de legalidad constitucional (artículo 2). Y al disponer que la democracia es un derecho humano de los pueblos que deben garantizar los gobiernos (artículo 1), recuerda que ella "es indispensable para el ejercicio efectivo de las libertades fundamentales y los derechos humanos" – universales, indivisibles e interdependientes – y, a la sazón, dispone el carácter igualmente interdependiente que acusan "la democracia y el desarrollo económico y social", que se refuerzan mutuamente.

22. Es forzoso admitir, no obstante que, en el marco de la globalización se produce un inevitable un "estado de cosas", cuyos efectos constitucionales y normativos todavía no encuentran concreción. Y ello, dado tal vacío, conspira contra el entendimiento que de un modo dominante se tiene sobre la democracia en el mundo occidental y de modo particular en las Américas. Luigi Ferrajoli (Del autor, *Razones jurídicas del pacifismo*, Madrid, Editorial Trotta, 2004), desde hace algún tiempo, previene acerca de dos tendencias que, en lo personal y como lo creo, si no logran ser canalizadas o tamizadas adecuadamente, pueden provocar una crisis fuera de la democracia, en contra de sus estándares, admitiendo que reclaman de su revisión dentro de la sociedad digital y de vértigo que nos acompaña.

23. No pocos afirman que llegan a su término, tanto la comunidad internacional de los Estados que surge desde mediados del siglo XVII dándole paso a fuerzas de potencia deslocalizada e incluso criminales, como los paradigmas que al constitucionalismo les aportan las grandes revoluciones del siglo XVIII y comienzos del siglo XIX. El Estado se muestra incapaz y no es suficiente para hacerle frente y resolver, por sí solo, los más graves desafíos de la mundialización; pero a la vez, dado que sigue creciendo y se expande exponencialmente en el orden interno, haciéndose complejo y por lo mismo insensible a la cotidianidad, la gente común, las mayorías, la misma Nación como expresión política, abandona su perfil ciudadano. Se disgrega y atomiza, y cada individuo, en su orfandad moral, se organiza de modo reticular, crea límites y divisiones dentro del Estado, similares a los que definen a este frente al resto de los Estados. Y lo hace alrededor de exigencias humanas primarias.

La cuestión es que dicho fenómeno comienza a afectar los criterios de universalidad de los derechos humanos y de generalidad de las leyes, para hacer primar el derecho a la diferencia y a la localidad humana, de género, religiosa, o comunal; y deja de ser expresión de la pluralidad democrática en la misma medida en que cada retícula no se reconoce en las otras e intenta imponerles su "cosmovisión casera".

24. Entre tanto, dada la incapacidad sobrevenida del Estado y su pesadez o falta de funcionalidad, su espacio lo ocupan gendarmes de nuevo cuño, quienes se apropian de la soberanía del Estado a la manera de los príncipes medievales y a la par entienden el apoyo que reciben de las mayorías en términos equivalentes a la *traslatio imperii* de la que nos habla la Escolástica medieval. En América Latina, cabe decirlo sin ambages, algunos de sus gobernantes, firmes creyentes en el mandato democrático perpetuo asumen que el mandato que reciben a través del voto que los elige y legitima les es trasladado de un modo absoluto e irrevocable. Nada cuenta, siquiera, la prevención que acerca del poder de las mayorías en una democracia hace Norberto Bobbio (Del autor, *El futuro de la democracia*, México, FCE, 2008), en consonancia con la más estricta doctrina de una democracia atada al Estado de Derecho y sirviente de la persona humana y sus derechos, es decir, que aquéllas tienen como límite de su poder la vigencia y existencia de la misma democracia.

25. En suma, sobre la base de presupuestos discutibles que se acompañan con máximas de la experiencia – como lo es el citado cuadro de exclusiones que acusa la región – se les atribuye a las creencias enunciadas ser el origen de la inseguridad y del cuadro violencia exponencial que también padecen nuestras sociedades; y a tenor de lo antes explicado ceden la democracia y el Estado de Derecho. Tales predicados, manipulados a conveniencia, hoy provocan un aparente choque terminal – quizás coyuntural en las Américas – entre dos visiones garantistas de los derechos humanos de primera y segunda generación. Una visión, de lege data, predica que los controles de convencionalidad y de constitucionalidad en materia de derechos humanos y de suyo sobre la efectividad de

la democracia, han de hacerse con base en el principio pro homine et libertatis, por ser la democracia un derecho humano totalizante. Ese es el caso del sistema que integran la Comisión y la Corte Interamericanas de Derechos Humanos, que recién denuncia el Presidente de Venezuela. La otra visión, de *lege ferenda* y en construcción, representada en la UNASUR, pretende que el juicio de valor y los dictámenes – internos e internacionales – sobre las materias indicadas, acerca de la democracia, el estado de Derecho, y los derechos humanos, se haga pro prince o regens, por ser el gobernante electo la encarnación y real garantía de bien común y los intereses colectivos.

26. Lo así dicho, y sirva lo que sigue como epílogo de mi exposición, mejor se resume en el voto razonado del ex presidente de la Corte Interamericana de Derechos Humanos, el ilustre mexicano Sergio García Ramírez, en el caso Escher y otros v. Brasil, de 2009: "Para favorecer sus excesos, las tiranías clásicas que abrumaron a muchos países de nuestro Hemisferio invocaron motivos de seguridad nacional, soberanía, paz pública. Con ese razonamiento escribieron su capítulo en la historia... Otras formas de autoritarismo, más de esta hora, invocan la seguridad pública, la lucha contra la delincuencia [el combate de la pobreza agregaría], para imponer restricciones a los derechos y justificar el menoscabo de la libertad. Con un discurso sesgado, atribuyen la inseguridad [social y política] a las garantías constitucionales y, en suma, al propio Estado de Derecho, a la democracia y a la libertad" (párr. 13).

105

IV

FUNDAMENTOS DEMOCRÁTICOS DE LA LIBERTAD DE PRENSA EN LA DECLARACIÓN DE CHAPULTEPEC[53]

PRELIMINAR

A fin de situar el argumento de mi exposición en un contexto que mejor explique su propósito final, considero indispensable recordar un antecedente histórico que ayuda a valorar mejor el momento agonal dentro del que se adopta la Declaración de Chapultepec, síntesis del patrimonio intelectual de la Sociedad Interamericana de Prensa.

---

[53] El presente texto, realizado para el Observatorio Iberoamericano de la Democracia (Buenos Aires), tiene su fuente en la exposición que hizo en autor ante la Cumbre Hemisférica sobre Justicia y Libertad de Prensa en las Américas, realizada en Washington DC bajo los auspicios de la Sociedad Interamericana de Prensa (SIP), del 20 al 22 de junio de 2002, e intitulada "La declaración de Chapultepec y el derecho internacional" y, asimismo, en la conferencia que, en representación de la SIP y como embajador de Chapultepec, dictó acerca de "Los principios de Chapultepec y la crisis de la democracia en las Américas, en el Aula Magna de la Universidad de los Andrés, en Bogotá, el 22 de enero de 2013.

Las Revoluciones Americana y Francesa y la experiencia constitucional Gaditana de 1812, que influyen con sus construcciones normativas en la creación de las repúblicas americanas, sucesivamente y dentro de sus peculiaridades o ritmos, todas a una asumen como tema vertebral de sus debates constituyentes a la libertad de imprenta o de prensa, nuestra contemporánea libertad de pensamiento y expresión: siendo ella, como lo es para la Ilustración y como lo hace constar Condorcet, el célebre reformista Jean-Antoine Nicolas Caritat (1743-1794), fundamento de la paz, esencia de la democracia republicana, pero, todavía más, sepultura de esa ignorancia sobre la que se afirma el poder de los príncipes en el *Ancien Régime*.

La razón de lo anterior, más allá de lo prescriptivo o constitucional, es doblemente raizal pero concordante en sus perspectivas distintas. Según la óptica epicúrea, como lo explica Quinto Horacio en sus Sátiras: "Cuando, en el principio del mundo, comenzaron a andar a gatas los primeros hombres, rebaño mudo y feo, por la bellota y por el cubil combatían con las uñas y los puños; después, con palos y, al cabo, con armas que fabricara el uso, hasta que hallaron palabras para dar expresión a sus sentimientos y nombre a las cosas". La palabra, en efecto, sirve y es necesaria para la supervivencia en lo material del hombre primitivo.

En la otra óptica, que podríamos calificar de estoica – precedente en el pensamiento de la antigüedad – una vez llegada la modernidad, con Emmanuel Kant, desde la perspectiva filosófica ideal alemana, recuerda que "nuestra época es la de la crítica". De modo que, junto a la emancipación económica, la de orden político reclama de escrutinio y selección: "Tal es, quizás, la razón más importante por la que el pueblo ilustrado – según este filósofo del Siglo de las Luces – reclama tan insistentemente la libertad de pluma: porque, si ésta es suprimida, nos es sustraído también un importante medio para verificar la validez de nuestros propios juicios, y quedamos así a merced del error".

En suma, el eje sobre el cual se construye el edificio de la república y la democracia como experiencia en las Américas, es, justamente, la libertad de prensa y opinión.

Hacia 1985, coincidiendo con la Perestroika, a cuatro años de distancia de la caída del Muro de Berlín, como síntesis de las perspectivas filosóficas e históricas mencionadas y ensamblando, dentro de la perspectiva kantiana, a la razón y la experiencia, la Corte Interamericana de Derechos Humanos afirma, en su Opinión Consultiva OC-5, que "[…] la libertad de expresión es un elemento fundamental sobre el cual se basa la existencia de una sociedad democrática. Es indispensable para la formación de la opinión pública. Es también *conditio sine qua non* para que los partidos políticos, los sindicatos, las sociedades científicas y culturales, y en general, quienes deseen influir sobre la colectividad puedan desarrollarse plenamente. Es, en fin, condición para que la comunidad, a la hora de ejercer sus opciones esté suficientemente informada. Por ende, es posible afirmar que una sociedad que no está bien informada no es plenamente libre".

Se habla, desde entonces, de la tríada democrática, a saber, que los derechos humanos – entre éstos su vertebrador, la libertad de pensar y expresarse – sólo caben en cuanto a su respeto y garantía dentro de la democracia, y aquéllos y éstos encuentran su soporte existencial y viabilidad en el llamado Estado de Derecho; que subordina los poderes públicos a la ley, que limita la ley conforme a las exigencias y preeminencia de la dignidad humana, y que impone, para la salvaguarda de ésta y la realización de aquélla, el principio de separación e independencia entre los poderes del Estado.

LA DECLARACIÓN DE CHAPULTEPEC

En marzo de 1994 tiene lugar, en la ciudad de México, la Conferencia Hemisférica que organiza la Sociedad Interamericana de Prensa (SIP) y en cuyo seno se adopta la célebre

Declaración de Chapultepec. Ella consagra los diez principios que enmarcan y definen en todos sus alcances a la *libertad de expresión*, "principio, garantía y custodio de todos los derechos humanos y... fundamento esencial de la democracia". Tratase, en efecto, de un conjunto de reglas o de postulados que, originados en la interpretación de un derecho humano fundamental y por estar asidos, además, a una visión o concepción de la sociedad histórica, pretenden asumir el valor de axiomas para la aplicación o el desarrollo progresivo de los ordenamientos jurídicos internacional e interno que atan a los Estados.

La SIP reúne, luego, en San José de Costa Rica, en agosto de 1998, a un grupo de juristas expertos en la materia quienes, en unión de periodistas y directores de distintos medios de comunicación, hicieron aportes doctrinales específicos para la adecuada exégesis de la Declaración. Éstos, bajo el título de *Contribuciones*, los ha asumido la Sociedad como una suerte de interpretación – sino auténtica – que hace fe de los siguientes principios:

I. La libertad de expresión como derecho inalienable, anterior u superior al Estado y fundamento de democracia y de las libertades.

II. El derecho de toda persona y de la sociedad a buscar, recibir y difundir informaciones sin límites de fronteras ni contenidos.

III. El libre acceso a la información pública y la reserva de las fuentes de información del periodista.

IV. La afirmación de la violencia contra los periodistas y su impunidad como atentados contra la libertad de expresión.

V. La proscripción de la censura previa y de las restricciones a la libertad de prensa y a la libre circulación de las informaciones.

VI.   La prohibición de discriminaciones de trato a los periodistas.

VII.   La denuncia de las violaciones a la libertad de expresión por medios indirectos, como el premio y castigo de los periodistas.

VIII.   La prohibición de la colegiación obligatoria de periodistas y de la asociación no voluntaria de los medios de comunicación social.

IX.   El compromiso autónomo con la verdad.

X.   La responsabilidad limitada del periodista y la proscripción de las llamadas leyes de insulto o de desacato.

La Declaración de Chapultepec, cabe referirlo, es el documento que orienta luego la adopción por la Comisión Interamericana de Derechos Humanos de la Declaración de Principios sobre Libertad de Expresión, hecha en el 2000; debiendo tenerse presente que dichos principios son hoy una interpretación auténtica del artículo 13 de la Convención Americana de Derechos Humanos, relativo a la libertad de pensamiento y expresión. Nos interesa destacar, por lo mismo y antes bien, que en su consideración o preocupación acerca del estado de la democracia en el Continente, Chapultepec se anticipa a la Carta Democrática Interamericana, adoptada por la OEA en 2001.

HACIA LA CARTA DEMOCRÁTICA INTERAMERICANA: LA DEMOCRACIA COMO DERECHO

¿Cuál es la preocupación compartida?

Téngase presente que los presidentes reunidos en la Cumbre las Américas, en 1994, al convenir en la redacción de la citada Carta lo hacen conscientes de los peligros inéditos que acechan a la democracia y que, a la sazón, encuentran su síntoma manifiesto en el gobierno de Alberto Fujimori, de

Perú; electo mediante el voto popular, contando con legitimidad de origen indiscutible, pero que involuciona abiertamente en cuanto a su desempeño democrático. El dilema, en lo adelante y en la circunstancia, como lo aprecian dichos mandatarios, ya no es la oposición clásica entre las dictaduras militares impuestas mediante el golpe de Estado y los gobiernos surgidos de elecciones libres.

La Declaración de Chapultepec, al efecto, destaca desde entonces que frente al optimismo que suscita la democracia en el umbral de un nuevo milenio – no olvidemos que ya ha caído el Muro de Berlín y se hunden las llamadas "democracias populares" –, cabe "la prudencia".

Los editores, periodistas, estadistas, sociólogos, académicos, y políticos reunidos en Chapultepec observan el peligro que, para el progreso democrático de nuestras sociedades, aproximándose el siglo XXI, representan "la crisis de las instituciones, las desigualdades, el atraso, las frustraciones transformadas en intransigencia, la búsqueda de recetas fáciles, la incomprensión sobre el carácter del proceso democrático y las presiones sectoriales".

De modo que, vistas de conjunto, tanto la Declaración de Chapultepec como la Carta Democrática Interamericana llegan a propósito de una urgencia que golpea en las narices de nuestras sociedades montadas sobre el puente que nos lleva desde el siglo XX hasta el siglo XXI y sirven de aldabonazo sobre la conciencia hemisférica a objeto de que salvaguarden un patrimonio intelectual e histórico que, en la circunstancia o por obra del quiebre inevitable que significa el cambio de milenio, podría hacer aguas; haciéndosele espacio, como luego lo constata la experiencia, al tráfico de ilusiones que desde siempre resulta propicio a la vez que desgraciado en escenarios humanos ganados por la incertidumbre.

La Declaración de Chapultepec y la Carta Democrática, cabe enfatizarlo, son la reiteración de una identidad común, compartida y afirmada en las Américas desde la hora inaugural, sin que pueda señalárseles como salvavidas de último momento; menos como ejercicios principistas que no expresen el credo de las mayorías y apenas el interés de las élites que se sienten amenazas en un momento de evidente crisis histórica.

La precisión anterior es pertinente, pues Chapultepec predica lo que está allí, desde los inicios de la modernidad, en los cimientos del racionalismo y la Ilustración, y que les da talante a nuestras repúblicas democráticas una vez alcanzada la Emancipación. A su vez, en lo más próximo o inmediato, la Carta Democrática Interamericana apenas reitera las prescripciones y estándares de la misma democracia o del respeto y garantía universal de los derechos humanos que se integran como parte del Orden Público internacional que se forja sobre las cenizas de la Segunda Gran Guerra del siglo XX y reflejan institucionalmente tanto la ONU como la misma OEA.

No por azar, la Declaración de Santiago de Chile de 1959, adoptada por la misma Asamblea de la OEA que crea la Comisión Interamericana de Derechos Humanos, cita como elementos esenciales y componentes fundamentales de la democracia los que, cambiando lo cambiable, repite la Carta Democrática 40 años más tarde, a saber:

1. Imperio de la ley, separación de poderes públicos, y control jurisdiccional de la legalidad de los actos de gobierno.

2. Gobiernos surgidos de elecciones libres.

3. Proscripción de la perpetuación en el poder o de su ejercicio sin plazo.

4. Régimen de libertad individual y de justicia social fundado en el respeto a los derechos humanos.

5. Protección judicial efectiva de los derechos humanos.

6. Prohibición de la proscripción política sistemática.

7. Libertad de prensa, radio y televisión, y de información y expresión.

8. Desarrollo económico y condiciones justas y humanas de vida para el pueblo.

Una y otra, la Declaración de Chapultepec y la Carta, eso sí, coinciden en cuanto a la naturaleza de la democracia y la devuelven a sus orígenes remotos, sacándola de los odres procedimentales que la mantuvieran dentro de la prisión de los Estados nacionales desfigurándola y que vuelven por sus fueros, para vaciar a la misma democracia de todo contenido mediante el inflacionismo electoral.

Dice la Carta Democrática, en su artículo 1 que la democracia es un "derecho" de los pueblos, cuya promoción y garantía es deber de los gobiernos. Deja de ser, por lo mismo, forma de gobierno, a cuyo efecto, de manera anticipada, la Declaración de Chapultepec señala que:

"La práctica democrática debe reflejarse en instituciones modernas, representativas y respetuosas de los ciudadanos; pero debe presidir también la vida cotidiana".

LA CESACIÓN DE LA DEMOCRACIA DE EJERCICIO

Si el binomio democracia-libertad deja de ser práctica diaria – lo dice la Declaración de Chapultepec al subrayar que ella el ejercicio democrático no puede existir a falta de su manifestación más vigorosa: la libertad de expresión y de prensa – las consecuencias no se hacen esperar. Y cabe decir que, si la cuestión fue motivo de preocupación en los

114

umbrales del presente siglo, los resultados, dado el deterioro de esas exigencias fundamentales, hoy no son previsibles, sino que están a la vista. Los enuncia la Declaración, de un modo profético:

"La vida individual y social se trunca, la interacción de personas y grupos queda cercenada, el progreso material se distorsiona, se detiene la posibilidad de cambio, se desvirtúa la justicia, el desarrollo humano se convierte en mera ficción".

Ahora bien, la constatación de lo anterior, inevitablemente empuja la mirada y escrutinio de la opinión pública hacia los gobiernos que, de forma sostenida y durante la última década del presente siglo se han manifestado enemigos irritantes de la libertad de prensa y que disponen leyes de regulación a objeto de hacer de los medios un "servicio público" o apéndice estatal, y devorar así los principios contenidos en la Declaración de Chapultepec reflejados en la Declaración de Principios sobre Libertad de Expresión de la OEA, como en los casos de Venezuela, Ecuador, Argentina, y Bolivia.

Así mismo, impone recordar la campaña de descrédito que emprende Ecuador contra la Relatoría para la Libertad de Expresión, o la oposición que Venezuela hace a la Carta Democrática Interamericana durante su redacción; tanto como considerar su derogación mediante los hechos y omitiendo su aplicación, por obra del actual Secretario General de la OEA, José Miguel Insulza, desde el momento en que inaugura su mandato y se realiza la Asamblea General en Florida, en 2005.

Situados estos hechos en su justa perspectiva, a fin de no detenernos en lo anecdótico o coyuntural, nos preguntamos si acaso la crisis de la democracia, como lo sugiere el intelectual francés Alain Touraine, hacia 1994, viene ocurriendo dentro de la misma democracia o si ella es víctima de sí misma, de su pregonado y sobrevenido éxito después de la caída del Muro de Berlín. O, mejor, ¿media una desilusión democrática, como lo considera otro colega y compatriota de éste, Pierre Rosanvallon, dado que la idea de la soberanía del pueblo supuso, equivocadamente, que era una piedra monolítica, sin fallas, lo que argumenta hacia el año 2000?

En lo personal, luego de afirmar la existencia de un derecho humano a la democracia – en mi obra sobre la materia, escrita en 2008, *El derecho a la democracia* – y de señalar que la misma no sólo tiene columna vertebral a la libertad de expresión, que en la democracia mal se entiende separada de otros derechos fundamentales como la libertad de elegir, de asociarse políticamente, o de reunirse o manifestar públicamente las ideas, adhiero a la tesis del filósofo italiano del Derecho, quien en sus *Principia Iuris*, en el volumen que titula Teoría de la Democracia y en la parte que dedica a la democracia en tiempos de globalización, afirma "una progresiva pérdida de relieve de los Estados".

De allí que la democracia, hasta ahora entendida como una forma o procedimiento de organización del poder dentro de éstos, hoy ceda junto a los mismos. Lo dice bien Ferrajoli, al señalar cómo, de cara a los desafíos del siglo XXI, los Estados "se han revelado demasiado grandes para las cosas pequeñas y demasiado pequeños para las cosas grandes".

La postergación de la democracia y la libertad de prensa

Sea lo que fuere, lo preocupante, es que, desde afuera, los gobiernos y las élites, bajo el argumento de las urgencias, es decir, de la mora social y alegando los efectos demoledores que tiene la pobreza dentro de la urdimbre social, ahora apuestan a la solución de éstas junto al sacrificio o postergación, si fuere necesario, de los elementos fundantes de la democracia y su seguridad colectiva; que al paso hacen crisis por el quiebre histórico reseñado antes. De allí que se contenten con la realización de elecciones.

Desde adentro, a la manera de "caballos de troya", los encargados de la salvaguarda filosófica y la preservación jurídica de nuestro elemento de identidad común americana, como lo es la república democrática, adhiriendo al credo de oportunidad de quienes hoy jerarquizan el hecho económico por sobre el político e institucional, se ocupan de flexibilizar o matizar, gravemente, la doctrina democrática y su columna vertebral, la libertad de prensa, enunciadas al principio de esta exposición.

Sería ingenuo y un contrasentido, no obstante, pretender que la democracia y sus estándares históricos han de quedar mineralizados *sine die*. Ello no es posible si a la par – como lo hacemos en nuestro otro libro *La democracia del siglo XXI y el final de los Estados*, siguiendo a Ferrajoli o a Jorge Mario Bergoglio o Papa Francisco, en su opúsculo *La Nación por construir* – admitimos que el actual estado de cosas se encuentra signado: (1) por la pérdida de la memoria histórica y de la identidad nacional, (2) la fragmentación social y de suyo la ausencia de proyectos en común, en fin, (3) la "caída de las certezas" y con ella la perturbación del propio significado de las palabras con las que nos expresamos e intentamos forjar la opinión pública. Empero, lo que se advierte, por lo pronto, dentro de quienes detentan a nuestros actuales Estados a la manera de franquicias y a las mismas organizaciones multilaterales garantes de la democracia, es un ánimo deliberadamente involutivo.

INVOLUCIÓN DE LA JURISPRUDENCIA INTERAMERICANA

Para ir concluyendo mi exposición y proponer algunas conclusiones o enseñanzas, visto que la libertad de expresión y de prensa, además de elemento esencial de la democracia, conforme lo dispone el artículo 3 de la Carta Democrática Interamericana, es componente fundamental de su ejercicio, según el artículo 4; pero apreciando que la Declaración de Chapultepec, en su Preámbulo, advierte que se encuentra vigente "la tentación del control y de la regulación coaccionante" sobre la prensa independiente, y que, de ordinario, "los políticos que proclaman su fe en la democracia son a menudo intolerantes ante las críticas públicas", cabe reseñar una breve síntesis que hemos hecho recién – *Digesto de la democracia* – de las proposiciones jurisprudenciales que, a partir de 2008 y al presente, mediante votaciones divididas y controversiales, vienen conspirando contra la libertad de expresión, vale decir, contra la democracia. Ella es contexto, norma de interpretación y marco para el ejercicio de todo derecho humano, según el Pacto de San José, y son obra, tales proposiciones, de la Corte Interamericana de Derechos Humanos.

Cabe señalar, al efecto, que en el Caso *Ivcher Bronstein* (2001), la Corte sitúa a los medios de comunicación social en el contexto de las dos dimensiones que acusa dicho derecho, la individual y la colectiva, conforme al artículo 13 de la Convención Americana de Derechos Humanos; en tanto que ahora, con el Caso *Fontevecchia y D'Amico v. Argentina* (2011), prefiere entenderlos sólo como "vehículos para el ejercicio de la dimensión social de la libertad de expresión en una sociedad democrática".

Obvia, como consideración que es obligante y crucial para la democracia, el significado que actualmente tiene la persona moral de los medios, a fin de que los periodistas puedan organizarse o ampararse para el ejercicio eficaz de sus oficios y libertades: "El periodista profesional no es, ni puede ser, otra cosa que una persona que ha decidido ejercer la libertad de expresión de modo continuo, estable y remunerado", reza la sentencia del Caso *Vélez Restrepo v. Colombia* (2012) y se repite en el Caso *Mémoli* (2013).

En la misma línea temática, si bien la Corte rescata, otra vez, el principio a cuyo tenor las expresiones relativas a la vida pública "gozan de mayor protección" – lo que en cierta forma morigera a partir del Caso *Kimel v. Argentina* (2008), una vez como reivindica el método de balance (*fair balance*) y

demanda al efecto la realización de un "juicio de proporcionalidad" para resolver sobre la oposición entre expresiones
acerca de "temas de interés público" y el derecho al honor o la
intimidad – luego insiste, a raíz del Caso *Mémoli* mencionado,
por una parte, en la idea del equilibrio o armonización entre
tales derechos y su resolución mediante mecanismos sancio-
natorios; y por otra parte, rompe, una vez más y después de
Kimel, con su precedente avance hacia la despenalización de la
libertad de expresión.

Lo que es más preocupante, a pesar de admitir el carácter
excepcional que han atribuírsele a las sanciones relativas al
ejercicio de la libertad de expresión, imponiéndose la misma
Corte el deber de "analizar[las] con cautela", en el Caso
Mémoli se limita a la mera revisión formal de los extremos
convencionales establecidos para la fijación de responsabilidades por abuso de dicha libertad, arguyendo el "carácter
coadyuvante" de la jurisdicción internacional con relación a
los tribunales de cada Estado parte de la Convención
Americana. Evita, incluso, abordar su mismo método de
balance o, cuando menos, efectuar una ponderación autónoma
e independiente del caso, tal y como la realizara varias veces
en el pasado, v.g. en el Caso *Loaiza Tamayo v. Perú* (1997).
Al efecto, se limita a señalar que "las autoridades judiciales
internas estaban en mejor posición para valorar el mayor grado
de afectación de un derecho u otro".

A renglón seguido, restringiendo peligrosamente el ámbito
de protección de las expresiones relativas a los "temas de
interés público" – expresión también constante en el Caso
Kimel – o en los que la sociedad tiene un legítimo interés
porque "afecta derechos e intereses generales o le acarrea
consecuencias importantes", a partir de *Mémoli* acepta la
sanción impuesta a las víctimas denunciantes por cuanto las
mismas "no involucraban a funcionarios públicos o figuras
públicas ni versaban sobre el funcionamiento de las
instituciones del Estado". Ello, a pesar de que el asunto bajo

debate se relacionaba con el funcionamiento de un cementerio, gestionado, eso sí, por una entidad privada concesionaria de dicha actividad social.

Por último, cabe decir que en su jurisprudencia reiterada sobre libertad de expresión y en cuanto a las responsabilidades ulteriores por su abuso, la Corte ha sostenido reiteradamente que las mismas, dado su carácter excepcional y la circunstancia de ser tal libertad crucial para el sistema democrático, han de estar expresamente tipificadas por la ley, como lo establece el artículo 13.2 de la Convención Americana. Sin embargo, a propósito de la responsabilidad civil y en el Caso *Fontevecchia* antes señalado, obvia tal exigencia y acepta la previsión de ley "redactada en términos generales", para admitirla como ley material aplicable al supuesto de hecho.

Lo que es más preocupante, antes, en el mismo caso, la Corte se repite en la innovación que introduce desde el Caso *Kimel*, demonizando el "poder de los medios" de comunicación social y pidiendo su regulación normativa por los Estados, no siendo aquellos los sujetos pasivos de la misma Convención.

Al paso, seguidamente, copiando la enseñanza europea estatuye, por vía jurisprudencial, sobre la actividad periodística, desbordando al efecto los límites conocidos sobre la mala fe o falta de debida diligencia (doctrina Sullivan) en el ejercicio de las tareas comunicacionales: "Existe un deber del periodista – dice la Corte en el Caso *Mémoli* – de constatar en forma razonable, aunque no necesariamente exhaustiva, los hechos en que fundamenta sus opiniones. Es decir, resulta válido reclamar equidad y diligencia en la confrontación de las fuentes y la búsqueda de información. Esto implica el derecho de las personas a no recibir una versión manipulada de los hechos. En consecuencia, los periodistas tienen el deber de tomar alguna distancia crítica respecto a sus fuentes y contrastarlas con otros datos relevantes. En sentido similar, el Tribunal

Europeo ha señalado que la libertad de expresión no garantiza una protección ilimitada a los periodistas, inclusive en asuntos de interés público. Aun estando amparados bajo la protección de la libertad de expresión, los periodistas deben ejercer sus labores obedeciendo a los principios de un periodismo responsable, es decir, actuar de buena fe, brindar información precisa y confiable, reflejar de manera objetiva las opiniones de los involucrados en el debate público y abstenerse de caer en sensacionalismos".

A MANERA DE EPÍLOGO

El preámbulo de la Declaración de Chapultepec es útil y suficiente para fijar algunas conclusiones acerca de los fundamentos democráticos de la libertad de prensa.

Dice la Declaración, por una parte, que es un deber al que no escapa ningún habitante de este Hemisferio, "consolidar la vigencia de las libertades públicas y los derechos humanos", en suma, abogar por la democracia y la prensa independiente. Y por la otra, tratándose de la actividad periodística, necesaria al sostenimiento de una sociedad libre, la describe a cabalidad como "la libre expresión y circulación de ideas, la búsqueda y difusión de informaciones, la posibilidad de indagar y cuestionar, de exponer y reaccionar, de coincidir y discrepar, de dialogar y confrontar, de publicar y transmitir".

De modo que, apelando otra vez al pensamiento del Papa Bergoglio citado, diría que siendo el periodismo una de las manifestaciones más excelsas de la vida política, requiere de autenticidad en los periodistas; quienes han de abandonar o dejar de lado "el sincretismo conciliador" o la "cultura de collage", entendiendo que la pluriformidad, para ser real y duradera, como base de la democracia, debe asentarse en la "unidad de los valores" de la libertad, que han de ser defendidos y proclamados por ellos y por todos.

El "sincretismo de laboratorio", suerte de neutralidad predicada por los indiferentes a la democracia y reclamada por algunos de los gobernantes actuales en las Américas, atenta, por ende, contra el deber que obliga a todo demócrata, al político y al periodista, es decir, "hablar con verdad, decir la verdad"; lo que es ajeno y distinto, como exigencia, a los condicionamientos de veracidad que las leyes y la jurisprudencia de reciente data buscan imponerle a la prensa libre, a fin de censurarla y con ello ponerle sordina a la experiencia de la democracia.

V

TRANSPARENCIA Y CALIDAD
DE LA DEMOCRACIA[54]

"El poder incurre en la falsedad, porque es prisionero de algunas mentiras. El poder falsea el pasado, el presente y el futuro... El poder falsea datos estadísticos. El poder disimula el respeto a los derechos humanos. El poder disimula no perseguir a nadie. El poder disimula no tener miedo a nada. El poder disimula que no disimula nada..."

(Vaclav HAVEL, 1936-2011)

"La sociedad transparente no es viable e imponerla sería irracional. Es más, ..., la información indiscriminadamente universal y de intensidad máxima de todos y para todos conduciría a la parálisis, al emborronamiento y a la desorientación fatales. Sencillamente, tal posibilidad es inaceptable; porque daría resultados opuestos a los que, en la fantasía omnipotente y gloriosa de algún liberal, aparece como el óptimo de sus deseos"

(Javier ROIZ)

---

[54] Ensayo publicado por la *Revista de Derecho Constitucional*, N°15, Universidad del Salvador, Buenos Aires, junio 2020 [IJ-CMXIX-28] y en el libro de Laura Chinchilla (Coordinadora) *Democracia, liderança e cidadania na Amèrica Latina*, Sao Paulo, Càtedra José Bonifácio, 6, EdUsp, 2019

SOBRE LA VERDAD CONSTITUCIONAL Y EL RELATIVISMO DE NUESTROS DÍAS

Situar la idea o el tema de la transparencia dentro de un juicio de calidad de la democracia – entendida como proceso informado de participación e influencia ciudadana en la configuración del poder y su control – y dentro de un Estado constitucional fundado en la verdad, evoca las consideraciones que, rememorando y recreando la experiencia del fascismo italiano, hace el eximio procesalista Piero Calamandrei (1889-1956) en su visionario, por actual, ensayo sobre El régimen de la mentira (*Il regime de la menzogna*, Editori Laterza, Bari, 2004).

En este observa lo que más destaca bajo el modelo totalitario citado, que en su momento reduce la verdad a una sola: la que construye a su conveniencia el poder instalado en el Estado o la del mismo Estado; Estado que se hace secreto en sus propósitos de dominio para hacerlos digerir sin resistencias y, de ser necesario, para doblegar éstas con el andamiaje de la propaganda sistemática y/o la violencia organizada desde el Estado; Estado, en fin, que a la vez perturba el lenguaje social deliberadamente, lo hace doble en su significado para confundir y congelar la movilidad de ideas que es inherente al diálogo político democrático: *"Es algo más profundo y complicado, más turbio que la ilegalidad: es la simulación de la legalidad, el engaño, legalmente organizado, a la legalidad... [es] el gobierno de la indisciplina autoritaria, de la legalidad adulterada, de la ilegalidad legalizada, del fraude constitucional"*, señala Calamandrei. De modo que, describiéndolo desde sus entrañas, ajusta que, bajo dicho régimen, *"con sus métodos de propaganda sostenida, no se creaba una conciencia fascista; pero se impedía, o se retardaba, la formación de cualquier conciencia: para prevenir cualquier posibilidad de acción se comenzaba metódicamente a desorientar el pensamiento"*.

124

"La mentira política que puede sobrevenir en todos los regímenes bajo formas de corrupción o la degeneración de estos, en el caso [del fascismo] es sistemáticamente asumida, desde el principio hasta el final, como el instrumento normal y fisiológico de gobierno", resume el autor.

En este orden, no huelga decir que Peter Häberle agradece a Vaclav Havel, "quien pasó de ser prisionero de la República Socialista Checoslovaca a presidente constitucional de la República Federal Checa, el exigir por primera vez el "derecho a la verdad" en nuestro tiempo. Había denunciado "la mentira omnipresente" en el régimen comunista checoeslovaco, en una suerte de prórroga del fascismo una vez como desaparece, en apariencia, luego de la Segunda Gran Guerra del siglo XX.

Según aquél, se impone en lo adelante "tomar las precauciones suficientes, y no se repita que Estados, hoy como en el pasado, se fundamenten en no verdades, instrumentalicen la mentira para sus fines de dominio e institucionalicen la producción de no verdades según sus distintos resultados". Textualmente, en *Verdad y Estado constitucional* (UNAM, 2006) afirma Häberle que "el Estado constitucional se contrapone a cualquier tipo de Estado totalitario del color que sea, a cualquier ambición de verdad absoluta y a cualquier monopolio de información e ideología totalitaria"; y que su característica más importante "reside en no dar cabida a la verdad absoluta, sino en concentrarse permanentemente en la búsqueda" de esta, en entenderla reemplazable una vez como se la cree encontrar y en ser perceptible pluralmente, no singularmente. Ninguna "puede imponerse" desde los unila-teralismos.

No alude él, en propiedad y al citar a Havel, al restricto derecho a la verdad emergente en el ámbito universal de los derechos humanos, que apunta al sostenimiento de la memoria histórica en los casos de violaciones de dichos derechos, al conocimiento de lo ocurrido con las víctimas en tales circunstancias, y/o al establecimiento judicial de esa verdad con vistas a las reparaciones de lo debido (Vid. mi ensayo "El derecho a la verdad judicial", *Revista de Derecho Público* 121, EJV, Caracas). Realiza, antes bien, una exégesis lúcida – desde la perspectiva histórica, filosófica, cultural y jurídica – sobre la verdad constitucional y explica cómo la entiende.

Se pregunta si acaso es un sueño el querer fundar el Estado en la verdad. Se plantea y nos plantea un asunto crucial con distintas portadas, entre otras, la de indagar sobre la tolerancia y sus límites en la democracia y el Estado de Derecho (Véanse mis libros *Memoria, Verdad y Justicia: Derechos humanos transversales a la democracia*, EJV, Caracas, 2012, y *Calidad de la democracia y expansión de los derechos humanos*, MDC, Miami, 2018).

El jurista y pensador citado, quien es luz – en versos de Emilio Mikunda – de la Alemania de nuestro tiempo, cree, en suma, que sí "tiene sentido preguntarse si es posible que el Estado constitucional fije los límites dentro de los cuales exista la tolerancia y al mismo tiempo no se apoye ni en un mínimo de verdad, porque no puede decirse que sea posible tolerancia alguna sino hay un deseo por la verdad".

La verdad, en suma, es diálogo en doble vía, entre los ciudadanos, unos con otros, y entre éstos y el Estado o sus dirigentes políticos; todos a uno, dentro del espacio de lo público, a la luz del día y para el logro de consensos democráticos y democratizadores perfectibles.

No obstante, bajo esta perspectiva cabe tener muy presente a Norberto Bobbio, quien también fija límites a las mayorías en la democracia y de suyo a la tolerancia, hasta ayer admitida aquélla como mera técnica o procedimiento para la formación del poder. Señala, al efecto, que las mismas no pueden vaciar de contenido a la democracia con sus votos, tampoco desfigurarla, transformándola en una caricatura, menor negar con esos votos de mayoría los derechos de las minorías, pues todos los derechos son para todas las personas.

El asunto anterior, que apenas podemos enunciar en el breve trazado de estas apreciaciones, resulta determinante e imprescindible resolverlo para la adecuada confrontación entre la mentira de Estado y la verdad constitucional, ya que, como lo observa a profundidad J.M. Barrio Maestre en su ensayo ¿Democracia moral o moral democrática? (*Cuadernos de Anuario Filosófico*, Universidad de Navarra, 1997), se aprecia un estrechamiento y devaluación de la verdad contemporánea en el discurso habermasiano acerca de la mediación de los intereses tanto individuales como colectivos: "más que captar lo que las cosas son, nosotros las constituimos objetivamente, y el valor ontológico de la realidad no acaba siendo otra cosa que el valor que cultural, colectiva y autónomamente le otorgamos". El interés por la verdad, por tanto, se trunca y muda en la verdad única del interés, observa el autor.

La democracia procedimental como método de formación de las decisiones públicas, que en buena hora contesta Luigi Ferrajoli en su *Principia iuris* (2. Teoría de la democracia, Editorial Trotta, Madrid, 2011) denunciando sus aporías, destacando su énfasis en quién y cómo se decide, obviando el "qué viene decidido", al caso, cambiando lo cambiable, remite, pues, una y otra vez, al relato de Calamandrei sobre el fascismo: *"Mantiene, porque ello contribuía a su técnica del espectáculo, la teatralidad de la lucha electoral: la convocatoria de las masas populares, la clamorosa propaganda electoral, el ceremonial misterioso del voto secreto, la puesta en escena de las urnas y sus escrutinios, la emoción final de la proclamación de los vencedores"*; pero todo ello, he aquí la esencia, sin libertad electoral.

En un ángulo más próximo a la preocupación de Häberle, desde otra perspectiva, Esperanza Guisán advierte sobre los límites de los consensos democráticos. Predica la democracia moral como contexto necesario del mismo diálogo democrático y del pluralismo, de suyo invocando, como lo aprecio, los límites a la tolerancia, ¿acaso al pluralismo?

En otras palabras, más allá del uso del mero voto como prueba del consenso, a la manera del fascismo, importa insistir en y saber qué se decide, la autora sitúa su predicado más allá de la cuestión de la calidad de la democracia y en el plano de la efectividad, la del buen o mal gobierno, con independencia de la buena o mala elección, la elección sustanciada e informada o la elección meramente formal: *"La buena acción y el buen gobierno deben tratar de conseguir que los seres humanos todos disfruten solidariamente del goce más profundo"*, son sus palabras.

Un exégeta de su obra, Edgar R. Ramírez Briceño ("Apuntes éticos: Esperanza Guisán y un utilitarismo cordial e ilustrado", *Revista de Filosofía*, Universidad de Costa Rica, LIII, 135) mantiene que, según ella, no cualquier deseo es criterio ético para el bien y el mal, sino sólo aquellos deseos que mejor contribuyan a armonizar el conflicto de cada individuo en particular y los conflictos de los diferentes individuos entre sí: *"Esto da un carácter reflexivo y dinámico a la búsqueda de la vida buena, y provoca apertura al diálogo interpersonal sin renunciar al carácter lúdico que, derivado de la satisfacción de los deseos, es propio de la buena vida. La integración de sentimientos y pasiones con la razón, por una parte, y con una actitud de diálogo, por otra, que facilite tanto el encuentro interpersonal como la aceptación de las diferencias, es el eje de la educación moral"*.

De modo que, como lo concluye Barrio, "en términos generales, el acuerdo [el consenso informado, dialogado, adoptado luego, a través de voto] no puede ser fuente de verdad – es decir, en tanto que mero acuerdo – sino que en él puede llegarse al reconocimiento [a la confirmación o verificación] de algo cuya verdad es enteramente previa e independiente de él".

He aquí, entonces, lo central. La verdad constitucional producto del diálogo democrático sólo se alcanza allí donde ha lugar a un diálogo informado, ajeno al engaño, a la desinformación sobre los hechos cuyo debate interesa para la forja y realización del espacio público, extraño a la manipulación del lenguaje, a la omisión u ocultamiento de datos o realidades por el mismo Estado o quienes detentan el poder para, justamente, falsear el diálogo democrático – Estado vs. ciudadanos y ciudadanos entre sí – o asumirlo como un diálogo de utilería o de sordos a objeto de imponer una verdad unilateral. Lo que no obsta para señalar que el consenso alrededor de la verdad, de ordinario atribuido al que alcanza, logra o se manifiesta como verdad de opinión pública, no ha de opacar la realidad de que ésta también la forman sujetos razonantes e individuales como tampoco la de que tal verdad, para ser verdadera y constitucional, no es un simple arreglo de intereses.

Bobbio nos cura, en todo caso, contra los unilateralismos políticos, siempre negados al espacio público dentro del cual, por obra del diálogo y del respeto a la pluralidad, surgen narrativas varias sobre la realidad común para la forja de consensos dentro del marco democrático y su preservación. En tanto que Guisán, con pertinencia, previene sobre la expansión de la diversidad a un punto tal que se pierdan las certezas por obra del relativismo, e incluso se diluyan las fronteras entre lo veraz y lo mendaz, entre lo inmoral y la moralidad de base que reclama la misma democracia para ser tal, en su calidad y en sus contenidos.

No por azar, Gaetano Azzariti, en su sugestivo libro ¿Il costituzionalismo moderno può sopravvivere? (2013), precisa algo indispensable, a saber, que, la perspectiva liberal asigna un gran valor a la diversidad hasta el punto de sostener que "todo es relativamente legítimo, y nada es absolutamente inaceptable". En otras palabras, la tolerancia presume un pluralismo pacífico, siendo que, en realidad, el pluralismo democrático es conflictual, está necesitado de diálogo y consensos, en las democracias contemporáneas.

Dicho lo anterior, cabe señalar entonces dos cuestiones vertebrales a tener presentes.

Una, la cuestión de la verdad constitucional como búsqueda o como soporte integrador de la normatividad constitucional para hacerla no solo coherente sino susceptible de sostener la gobernabilidad; por lo que no cabe confundirla – ello conviene aclararlo – con la verdad de Estado e incluso la religiosa, o la que es producto de la mera racionalidad constitucional y bajo la lógica del texto constitucional que la encierre y se crea capaz de resolver todas sus hipótesis, y cuyas cargas históricas e ideológicas como sus elevados costos los sufren el Medioevo y la modernidad.

Häberle ha aclarado, desde su perspectiva, que la verdad constitucional es libertad en acción, sin que implique aceptar el giro copernicano que propone Jürgen Habermas, a saber, "que en lugar de que nuestro conocimiento [de la verdad] se rija por los objetos, son los objetos los que han de regirse por nuestro conocimiento", como se lee en el ensayo de Barrios. De ser así, no habría nada que buscar, pues la diferenciación entre el bien y el mal, la verdad o la mentira será el resultado de una preferencia racional guiada por la idea de que "Dios a muerto". Todo vale, todo es relativo.

Otra cuestión es que cambiando lo cambiable puede decirse, sin riesgos de yerro o de incurrir en galimatías, que el fascismo regresa por sus fueros al apenas iniciarse el siglo corriente; desde su pórtico y en un terreno abonado que se prepara desde los años '80 del pasado siglo al producirse una ruptura epistemológica en el curso de la historia.

Ocurrido el agotamiento del socialismo real sobreviene la mal llamada "sociedad" de la información o del conocimiento, que se hace rompecabezas una vez como destruye los muros o acotamientos geográficos, sociales y culturales, y al sustituir el tiempo de los espacios por el tiempo del tiempo y su velocidad de vértigo, al causar el tránsito desde la realidad objetiva hacia la realidad virtual. De modo que, manipulada o haciéndosela sirviente de los neopopulismos en boga, estimulados por la liquidez citada de las fronteras territoriales y el declinar de las instituciones de mediación social y política, teñidos éstos con el barniz de las viejas ideologías, hoy provocan la resurrección de la mentira como régimen global y no solo nacional.

La práctica contemporánea del poder concentrado, donde este queda o se reafirma como contrapeso o reafirmación de las tendencias globales [el del socialismo del siglo XXI o la de las fuerzas autogobernadas del mercado planetario], tanto como la del poder social difuso que se expande sin límites desde los nichos o retículas sociales que surgen más allá del Estado-ciudadano, significan, ambas a la vez, ausencia e imposibilidad de consensos. Obstaculizan racionalizar las ideas y fijarlas con "intención recta". En el primer caso, por la heteronomía discursiva de los nuevos gendarmes que dicen encarnar a la verdad, y en el segundo, sea por el atropello en cascada de las mismas ideas, sea por la defensa de cada narrativa o cosmovisión primaria o parcial (que se multiplican al hacerse líquidos los límites entre los Estados) esgrimiendo, cada una, la validez universal de su apreciación sobre lo bueno y lo verdadero.

Lo último, en su doble vertiente, como desviación de la verdad constitucional, acusa en común, a la vez, su adhesión a la idea del relativismo, la del poco peso de la racionalidad integradora, la desvalorización de la fe o de lo trascendente que no sea para su uso utilitario inmediato, el dominio del todo cabe y todo vale para la obtención y conservación del poder o la afirmación del sentido ilimitado – distinto de la perfectibilidad – de la diferenciación humana y cultural. Es lo que observa F. Nietzsche, mutatis mutandis, en *Así habló Zaratustra*, como lo hemos adelantado, al proclamar que el mero consenso o razonamiento que lleva a estimar algo, hace de ese algo valioso, de suyo, trastocándose los límites entre el bien y el mal, una verdad o una mentira circunstancial e intercambiable.

La transparencia en una democracia de calidad

La verdad ha de instrumentarse en la democracia, primero como visibilidad, como proscripción de la opacidad, es decir, como transparencia en todos sus ámbitos, como rendición de cuentas, como deliberación y control abiertos sobre lo público y bajo la mirada y/o participación de los actores sociales, en suma, como decisiones públicas de lo público y de suyo como reconocimiento de la igual dignidad humana de todas las personas, sujetos y actores de la democracia. Pero, asimismo, ha de entenderse como el punto de certeza intelectual y factual alcanzado a través del consenso que facilita la transparencia, susceptible aquél de sostener la propia experiencia de la democracia sin que se incurra, por obra de la mera fuerza constitucional o del criterio de utilidad coyuntural en el pecado de los sincretismos de laboratorio.

Hablar de transparencia y a la vez de su relación con la calidad de la democracia exige de un claro deslinde conceptual por tratarse, sobre todo aquélla, de una noción compleja. No pocas veces se banaliza y a ella apelan para adjetivar sus discursos carentes de sustantividad política los populismos de reciente data, antes de mostrarse como lo que son: manipuladores de la verdad.

Hay que evitar confundir lo principal con lo accesorio, las causas con los efectos, o el mismo alcance de la transparencia en relación con sus obligados. Ha de tenerse presente que, así como Napoleón Bonaparte predica la brevedad y oscuridad de las constituciones, simbolizando la opacidad del poder totalitario: no por azar la *Glasnost* le pone término a la opacidad del comunismo, aquél, a la par y paradójicamente, hace de la transparencia – del incremento de la información sobre los gobernados – instrumento de su poder absoluto. La búsqueda de información, por ende, alcanza su paroxismo bajo el régimen de la mentira.

"Es omnipresente ella – la transparencia que, antes bien, obliga al Estado – dentro del vocabulario jurídico y político", a un punto tal que Joel Rideau, en su obra colectiva, se pregunta si ella es un mito o es un principio jurídico, o una y otra cosa a la vez (*La transparence dans l'Union Européenne*, Paris, LGDJ, 1998). pues parece tener distintos significados según el contexto en que se la use, siendo que literalmente alude a un cuerpo que se deja atravesar por la luz.

La transparencia – ¿vicio o una virtud de la democracia? – emerge en los años sesenta del pasado siglo con el *Freedom of Information Act* adoptado por Estados Unidos, que apuntala la transparencia administrativa y la progresiva apertura en América y en Europa de las actividades gubernamentales de cara a la sociedad. En el último caso, adquiere una relevancia mayor con el Tratado de Maastricht (1992) sobre las decisiones comunitarias.

En la actualidad, junto a la apertura que se le impone a los Estados y sus gobiernos toma cuerpo, antes bien, la cuestión de la sociedad abierta, bajo la idea de la subsidiariedad dentro la experiencia de la democracia: que entiende a la transparencia como vehículo de participación ciudadana y social.

La misma Organización para la Cooperación y el Desarrollo Económicos (OCDE), al referirse a la transparencia, junto a la de los gobiernos, incluye la relativa a las empresas y a la posibilidad de que la "información real" de éstas pueda ser consultada por los sujetos a los que afectan con sus actividades, para que éstos puedan decidir "con conocimiento de causa y sin asimetría de información" lo que juzguen pertinente (Jordi Perramon, "La transparencia: concepto, evolución y retos actuales", *Revista de Contabilidad y Dirección* 16, año 2013).

No por azar, como lo observa Christian Lequesne en la obra de Rideau antes citada, el entusiasmo de las democracias actuales por la transparencia se debe (1) a la primacía de la verdad sobre el secreto, léase, "la caducidad de los secretos públicos y privados" dado el desarrollo de los medios de información; (2) la difusión – o la dilución – creciente del poder hasta ayer en manos del Estado a múltiples niveles externos e internos, que incluyen a la sociedad organizada; en fin, (3) al carácter compensatorio que tendría la transparencia en sociedades como las nuestras, afectadas por la imprevisibilidad y la incertidumbre, y necesitadas vitalmente de gobernar asertivamente sus cotidianidades.

En el ámbito interamericano, a propósito de la adopción por la OEA, en 2001, de la Carta Democrática Interamericana, la transparencia ocupa varias de sus disposiciones. Se la estima transversal a la experiencia de la democracia, a saber, a la cuestión de su calidad, en lo relativo a los elementos esenciales de la misma democracia, como a la relativa a la gobernanza, al ejercicio de la democracia por parte de los gobiernos y de la sociedad.

Así, en su artículo 4 señala dentro de los componentes fundamentales del ejercicio de la democracia "la transparencia de las actividades gubernamentales, la probidad, la responsabilidad de los gobiernos en la gestión pública, … y la libertad de expresión y de prensa"; el artículo 5 prescribe, en cuanto a los partidos políticos, el establecimiento de "un régimen … transparente de financiación de sus actividades"; y en el artículo 24, al referirse a las misiones de observación electoral indica que, el Estado ha de asegurarles "libre acceso a la información" y han de hacerse "de forma objetiva, imparcial y transparente".

De allí que la transparencia, para la calidad de la democracia, entendida como procesos de participación y grados de influencia ciudadana en los asuntos de interés público, es decir, selección de gobernantes y su control ciudadano (Vid. *in extensu*, a Daniel H. Levine y José Enrique Molina, "La calidad de la democracia en América Latina: una visión comparada", en *América Latina Hoy*, núm. 45, Universidad de Salamanca, Salamanca, España, Abril 2007, y asimismo, a Jean d'Aspremont, *L'Etat non democratique en droit international*, Pedone, París, 2008), signifique, concretamente, participación electoral informada o elecciones "auténticas", rendición de cuentas, responsabilidad, acceso a los documentos, motivación de las decisiones, y procedimientos adecuados para el logro de lo anterior.

A la luz de lo indicado y de lo que prevé la misma Carta, hablar de transparencia y, al efecto, de calidad de la democracia, exige situar o referir la cuestión, en suma, como un problema de derechos y de cómo se ejercen, en lo electoral, en lo administrativo, en lo judicial, y cuáles son sus garantías. Es el punto de entronque, justamente, entre el proceso político democrático y su contexto social, a fin de que éste adquiera legitimidad y representatividad. Y demanda, por ende, ciudadanía inclusiva, acceso a la política de los individuos y las organizaciones sociales, libertad de información y de organización, mecanismos formales e informales que aseguren la rendición de cuentas gubernamentales *lato sensu* y la responsabilidad de los gobernantes (*accountability*).

Se entiende de tal modo que la calidad de la democracia se concreta, según el criterio de Levine y Molina que hacemos propio, en "la medida en que los ciudadanos participan informadamente en procesos de votación libres, imparciales y frecuentes; influyen en la toma de decisiones políticas; y exigen responsabilidad a los gobernantes, y por la medida en que estos últimos son quienes efectivamente toman las decisiones y lo hacen respondiendo a la voluntad popular".

De allí que, el acceso a la información como derecho humano que hace parte del plexo de la libertad de expresión – no por azar "columna vertebral de la democracia" – alcance a instrumentar el principio, valor o norma jurídica de la transparencia, que no se agote en el acceso sino en la realización de su teleología. El efecto útil de la información es lo que importa, a saber y como cabe reiterarlo, siguiendo a Robert Dahl (Democracy and Its Critics, 1989), pues "la calidad de la democracia depende directamente de la medida en que los ciudadanos alcancen el mayor y más igualitario nivel de información (*enlightened understanding*, comprensión ilustrada)".

"Si la igualdad política formal (cada persona un voto) es un requisito mínimo de la democracia, la igualdad política sustantiva, uno de cuyos componentes principales es la distribución de recursos cognitivos entre la población, es un indicador de la calidad de la democracia dada su vinculación directa con uno de sus elementos cruciales: la medida en que el electorado puede tomar decisiones políticas informadas", concluyen los autores citados *supra*.

LOS PRINCIPIOS DEL ACCESO A LA INFORMACIÓN

¿Sobre qué principios generales, a la luz de lo anterior, debe apoyarse el ejercicio del derecho de acceso a la información y su garantía?

La identificación y exégesis de los principios ordenadores o principios básicos del derecho sobre acceso a la información, demanda considerar, en primer término, los alcances del derecho fundamental que lo comprende y le fija su teleología, a saber, el derecho a la libertad de pensamiento y expresión, previsto en el artículo 13 de la Convención Americana de Derechos Humanos.

La norma citada, a cuyo tenor "Toda persona tiene derecho a la libertad de pensamiento y de expresión. *Este derecho comprende la libertad de buscar, recibir y difundir informaciones e ideas de toda índole...*" (cursivas nuestras), hace parte de los bloques de constitucionalidad de un número importante de los Estados americanos y condiciona, en la región, por lo mismo, el alcance de las disposiciones legales relativas al denominado derecho de acceso a la información.

Cabe destacar, asimismo, que la Corte Interamericana de Derechos Humanos, en su nutrida jurisprudencia contenciosa y en sus opiniones consultivas que cubren un período de más de 25 años: 1985/2012, le dedica al tema de la libertad de expresión y a su vínculo sustancial con "la forma democrática representativa de gobierno" un espacio privilegiado. Ello, a pesar del peso determinante o, probablemente, por la misma razón del peso que dada la realidad social y política dominante en las Américas tiene el conocimiento de casos relativos a la violación de los derechos a la vida, a la libertad e integridad personales, a cuyo efecto destaca como consecuencia reparatoria el denominado "derecho a la verdad", transversal a la misma libertad de expresión y al derecho a la justicia.

La suma de fallos – opiniones consultivas y sentencias – del Tribunal de San José relacionados con dicha libertad de expresión – que cubren aproximadamente una décima parte del total de su jurisprudencia – se inscriben en un doble riel o silogismo: su significación para el desarrollo integral de la persona y, de suyo, para la viabilidad correlativa de la democracia.

No por azar, en voto razonado del hoy ex presidente y antiguo juez de la Corte Interamericana de Derechos Humanos, Sergio García Ramírez (*Caso Herrera Ulloa v. Costa Rica*, Sentencia de 2 de junio de 2004), se afirma que "la transparencia dentro de la vida pública democrática, sólo es posible en la medida en que el derecho o libertad que nos ocupa logra desplegarse a cabalidad, sin restricciones indebidas o ilegítimas, y de allí que "la república se halla atenta, con pleno derecho, a la forma en que sus funcionarios la representan, atienden sus intereses, desempeñan las tareas inherentes a los cargos conferidos, ejercen la autoridad, la influencia o las ventajas que esa representación o esos cargos significan".

"La confianza que la sociedad otorga -directamente o a través de las designaciones que hacen determinados órganos del Estado- no constituye un "cheque en blanco". "Se apoya y renueva en la rendición de cuentas", agrega García Ramírez, para decir que ésta no es "un acto solemne y periódico, sino una práctica constante, a través de informaciones, razona-mientos, comprobaciones".

El artículo 13 de la Convención Americana de Derechos Humanos, por ende, señala, a la luz de la interpretación que del mismo hace la Corte Interamericana de Derechos Humanos, que quienes están bajo la protección de la Convención – toda persona y no solo los profesionales de la comunicación social o periodistas (*Caso Tristán Donoso v. Panamá*, Sentencia de 27 de enero de 2009) – tienen no sólo el derecho y la libertad de expresar su propio pensamiento, sino también el derecho y la libertad de buscar, recibir y difundir informaciones e ideas de toda índole. Por tanto, cuando se restringe ilegalmente la libertad de expresión de un individuo, no sólo es el derecho de ese individuo el que está siendo violado, sino también el derecho de todos a "recibir" informaciones e ideas, de donde resulta que el derecho protegido por el citado artículo 13 tiene un alcance y un carácter especiales, dada su estrecha vinculación con la experiencia de la democracia y su calidad.

Se ponen de manifiesto, así, las dos dimensiones de la libertad de expresión que, de suyo, inciden sobre el acceso a la información como derecho y en su más amplio significado.

Aquella requiere, por un lado, que nadie sea arbitrariamente menoscabado o impedido de manifestar su propio pensamiento y representa, por tanto, como lo afirma la Corte desde su *Opinión Consultiva OC-5/85* (13 de noviembre de 1985: Artículos 23 y 29 de la Convención Americana de Derechos Humanos) un derecho de cada individuo; pero implica también, por otro lado, un derecho colectivo de la sociedad a recibir cualquier información y a conocer la expresión del pensamiento ajeno.

En el primer supuesto, es decir, el derecho de toda persona de buscar, recibir y difundir ideas e informaciones de toda índole, recuerda Kant "que aquel poder exterior que arrebata a los hombres la libertad de comunicar públicamente sus pensamientos, les quita también la libertad de pensamiento", al privarla de su sentido y trascendencia humanas; explicándose, así, el dicta de la Corte Interamericana sobre la bidimensionalidad e indivisibilidad de la libertad de expresión en el *Caso Ricardo Canese vs. Paraguay* (Sentencia de 31 de agosto de 2004): "La expresión y la difusión de pensamientos e ideas son indivisibles, de modo que una restricción de las posibilidades de divulgación representa directamente, y en la misma medida, un límite al derecho de expresarse libremente".

En otras palabras, ambas dimensiones necesitan de su garantía y tutela simultáneas para evitar "regímenes arbitrarios con la supuesta protección de una en detrimento de la otra".

Los anteriores predicados no son ociosos. Ellos resumen, de modo anticipado y también en sus aspectos operativos, la noción profunda de la democracia, por entenderse a la libertad de pensamiento y expresión como su "piedra angular", tal y como ya lo hemos dicho (*Caso Usón Ramírez v. Venezuela*, Sentencia de 20 de noviembre de 2009). "La democratización debe entenderse como un proceso de final abierto", lo recuerda a su vez el catedrático de Oxford Laurence Whitehead (*Democratización, teoría y experiencia*, México, FCE, 2011), pues aquella no es factible sin expresión libre y sobre todo sin información pública integral, no condicionada, abierta a la ciudadanía, en modo tal de que ésta pueda participar y ejercer su derecho al control soberano sobre el Estado y sus poderes constituidos.

La Corte dice, al respecto y en suma, que la libertad de expresión es la que permite el debate abierto sobre los valores morales y sociales y facilita el discurso político, central para la consolidación de la democracia, o como lo refiere la Relatoría para la Libertad de Expresión de la OEA, "consolida el resto de las libertades en una democracia al facilitar la participación de los miembros de la sociedad en los procesos de decisiones; al constituirse como herramienta para alcanzar una sociedad más tolerante y estable y al dignificar a la persona humana a través del derecho de expresión, intercambio de ideas, opiniones e información".

A pesar del progresivo desempeño y avance legislativo nacional en la región acerca del derecho acceso a la información y en lo particular de la información que reposa en manos del Estado, garantizada por la Convención en su citado artículo 13, la Corte de San José, refiriéndose al concepto del orden público en una sociedad democrática, recuerda que comprende "el más amplio acceso a la información por parte de la sociedad en su conjunto". Se trata, pues, de un derecho individual y también de naturaleza colectiva, tal y como lo hemos dicho y lo corrobora la misma interpretación realizada por la Comisión Interamericana al argumentar en el debate de fondo sobre el *Caso Bamaca Velásquez c. Guatemala* (Sentencia de 25 de noviembre de 2000) acerca del "derecho a la verdad" y calificarlo como derecho colectivo que "conlleva el derecho de la sociedad a tener acceso a la información esencial para el desarrollo de los sistemas democráticos".

Sea lo que fuere, en orden al objeto preciso del referido derecho de acceso a la información, la Relatoría para la Libertad de Expresión de la OEA y el Comité Jurídico Interamericano (CJI), se han manifestado de modo preciso.

140

La primera señala que el mismo recae sobre la información que está bajo custodia, administración o tenencia del Estado; la información que el Estado produce o que está obligado a producir; la información que está bajo poder de quienes administran los servicios y los fondos públicos, únicamente respecto de dichos servicios o fondos; y la información que el Estado capta, y la que está obligado a recolectar en cumplimiento de sus funciones. El segundo, por su parte, en sus *Principios sobre el Derecho de Acceso a la Información* (CJI/Res. 147/ 2008), explica que el derecho de acceso a la información "se refiere a *toda la información significante*, cuya definición debe ser amplia, incluyendo toda la que es controlada y archivada en cualquier formato o medio" (Cursivas nuestras).

Finalmente, en cuanto a las citadas dimensiones del derecho de acceso a la información, cabría considerar que junto a la dimensión individual y positiva cuya especificidad destaca la jurisprudencia más reciente de la Corte Inter-americana (*Caso García y familiares vs. Guatemala*, Sentencia de 29 de noviembre de 2012), su dimensión colectiva, como parte de la libertad de pensamiento y expresión: referida a la sociedad en su conjunto y que puede suscitar dudas en cuanto a la legitimación activa para el ejercicio de señalado derecho, alude mejor al derecho de todos a recibir información o a su acceso pasivo, sea directamente por el Estado o por quien, disponiendo de información que ha recibido de éste la difunde o divulga.

La anterior perspectiva, sin perjuicio de la precisión que se hace en el citado *Caso García*, es ya aclarada y matizada por la primera sentencia contenciosa dictada por la Corte de San José sobre la materia, a propósito del *Caso Claude Reyes y otros v. Chile* (Sentencia de 19 de septiembre de 2006).

Al respecto, luego de recordar la doble dimensión – individual y social – que acusa el derecho a la libertad de expresión, que por ende corresponde a toda persona, se expide, ciertamente, sobre el derecho individual de acceso a la información en manos del Estado destacándolo como un "derecho positivo", que se funda en el "principio de la máxima divulgación" y en el deber correlativo – la obligación positiva – del mismo Estado de suministrar la información que se le pida y de probar cualquier excepción que pretenda alegar para no satisfacerla. Y destaca, asimismo, que la información que se "entrega a una persona puede permitir a su vez que la información circule en la sociedad".

El CJI, en sus *Principios*, dentro del marco del derecho de acceso a la información e incluso definiendo que se trata de "un derecho humano fundamental que establece que toda persona puede acceder a la información en posesión de órganos públicos" (todos los niveles de gobierno, demás poderes u órganos constitucionales o legales, de propiedad o controlados por el mismo gobierno, y organizaciones que operan con fondos públicos o que desarrollan funciones públicas), a renglón seguido agrega que:

"4. Los órganos públicos deben difundir información sobre sus funciones y actividades – incluyendo su política, oportunidades de consultas, actividades que afectan al público, presupuestos, subsidios, beneficios y contratos – de forma rutinaria y proactiva, aun en la ausencia de una petición específica, y de manera que asegure que la información sea accesible y comprensible".

La libertad de pensamiento y expresión, dentro de ésta el derecho de acceso a la información en manos del Estado y para protegerse de los comportamientos que puedan implicar irrespetos o mengua de sus garantías, a la luz de la Convención Americana, queda atada, en suma, a varios principios generales que la fundan o sujetan y/o son la consecuencia de su ejercicio, a saber:

(1) El *principio de la democracia*, ya que tal libertad es su "columna vertebra" y aquella no se entiende al margen de la opinión pública y del pluralismo informativo, dentro de cuyo contexto, como lo sostiene la Relatoría para la Libertad de Expresión, el acceso a la información "es una herramienta fundamental para la construcción de ciudadanía";

(2) el *principio de la transversalidad*, pues al ceder dicha libertad de expresión y junto a ella la democracia, ceden los demás derechos, pues al amparo del silencio de la información pública encuentra espacio propicio la impunidad y, por lo mismo, el acceso a la información es, igualmente, "herramienta para el ejercicio informado de otros derechos";

(3) el *principio de la inherencia*, por cuanto la libertad de pensamiento y expresión, y de suyo la búsqueda de la verdad personal o ciudadana y para ello el acceso a la información, es propia de la naturaleza humana, que al alcanzar su pleno desarrollo – el desarrollo de la personalidad – trasvasa obligatoriamente hacia el plano de cuanto interesa a la cosa pública (*rēs pūblica*);

(4) el *principio de la progresividad*, pues al ser perfectible la persona humana, el núcleo pétreo de sus derechos se expande, crece con ella sin carácter reversible; en fin,

(5) el *principio pro homine et libertatis*, pues la libre expresión del pensamiento y la información tienen en la democracia su finalidad y propósitos – construir los espacios de la democracia y controlar democráticamente el poder – en cuyo caso y al colisionar sus exigencias con el Estado y sus funcionarios, el hombre y su libertad han de ser preferidos por el exégeta de la norma.

MÁS ALLÁ DE LA PUBLICIDAD: ENTRE EL SECRETO DE ESTADO Y LA TRANSPARENCIA DEMOCRÁTICA

Entendido que el derecho de acceso a la información, siguiendo la línea jurisprudencial explicada y a tenor de cuando sistematiza, a su vez, la *Ley Modelo Interamericana* sobre la materia cuya elaboración ordena la OEA en 2009, "es un derecho humano fundamental y una condición esencial para todas las sociedades democráticas"; a cuyo efecto se le explica como el "derecho de acceso a la información que esté en posesión, custodia o control de cualquier autoridad pública", cabe destacar que la Corte Interamericana declara, al respecto, lo siguiente:

"El actuar del Estado debe encontrarse regido por los principios de publicidad y transparencia en la gestión pública, lo que hace posible que las personas que se encuentran bajo su jurisdicción ejerzan el control democrático de las gestiones estatales, de forma tal que puedan cuestionar, indagar y considerar si se está dando un adecuado cumplimiento de las funciones públicas".

No huelga precisar que la idea de la publicidad es la más antigua, inherente al Estado de Derecho clásico, de ordinario entendida como la obligación de la publicación de los actos gubernamentales y la motivación de las decisiones. De allí que, en la tensión entre ésta y el secreto de Estado de antigua tradición, la transparencia logra imponerse como propia al Estado constitucional y democrático de Derecho y hace de este una excepción. Aparece la visibilidad de lo público como inherente al control del poder por los ciudadanos y a la rendición de cuentas de sus representantes.

Es con vistas a sus finalidades democratizadoras, entonces, por lo que luego afirma la jurisprudencia citada, que "el acceso a la información bajo el control del Estado, que sea de interés público, puede permitir la participación en la gestión pública, a través del control social que se puede ejercer con dicho acceso".

En lo específico, el principio rector del derecho de acceso a la información es el de la publicidad entendida como máxima divulgación, a cuyo efecto la misma Corte interpretándola, observa (1) que toda información en poder del Estado se presume pública, por ende, accesible, y (2) está sujeta "a un sistema restringido de excepciones".

La Ley Modelo Interamericana mencionada, por ende, ajusta que el "principio de máxima publicidad" al que está sujeta cualquier información en manos de instituciones públicas, implica que la misma, al ser entregada debe ser "completa, oportuna y accesible, sujeta a un claro y preciso régimen de excepciones, las que deberán estar definidas por ley y ser además legítimas y estrictamente necesarias en una sociedad democrática".

Por lo cual, apropiadamente, la Relatoría para la Libertad de Expresión cita que (3) "ante una duda o un vacío legal, debe primar el derecho de acceso a la información".

El Estado, dado lo anterior, con vistas al mismo fundamento de las obligaciones jurídicas internacionales que lo atan, debe ajustar su comportamiento, por vía de efectos, al principio de la buena fe, lo que le implica no abusar del Derecho y ejercer sus derechos – léase sus competencias – con estricto apego al mismo Derecho y de modo razonable.

En esencia, ello invoca a la regla de la moral democrática que de ordinario cita la Corte Interamericana en distintos de sus fallos, para recordar que a fines legítimos se corresponden medios legítimos y viceversa. De modo que, por virtud del último principio el Estado, al fijar restricciones al derecho de acceso a la información *in comento* sólo puede hacerlo dentro de los límites convencionalmente dispuestos; toda denegatoria de información debe motivarla y fundamentarla, correspondiéndole la carga de la prueba de procedencia de la excepción que alegue; y no debe ampararse ilegítimamente en el secreto o la confidencialidad para evitar el suministro de la misma,

145

menos todavía en los supuestos en que la información solicitada tenga relación con casos de violaciones de derechos humanos.

La Relatoría para la Libertad de Expresión, abundando sobre dicho principio y sus alcances, señala que los sujetos obligados por el mismo deben, en consecuencia, interpretar la ley "de manera tal que sirva para cumplir los fines perseguidos por el derecho de acceso, que aseguren la estricta aplicación del derecho, brinden los medios de asistencia necesarios a los solicitantes, promuevan una cultura de transparencia, coadyuven a transparentar la gestión pública, y actúen con diligencia, profesionalidad y lealtad institucional. Es decir, que realicen las acciones necesarias con el fin de que sus actuaciones aseguren la satisfacción del interés general y no defrauden la confianza de los individuos en la gestión estatal".

El principio de buena fe citado, que rige en cuanto al derecho de acceso a la información, por ende, resulta de la aplicación o implementación del artículo 30 de la Convención Americana, a cuyo tenor "las restricciones permitidas, de acuerdo con esta Convención, al goce y ejercicio de los derechos y libertades reconocidas en la misma, no pueden ser aplicadas sino conforme a leyes que se dictaren por razones de interés general y con el propósito para el cual han sido establecidas".

La obligación positiva del Estado de respeto y garantía del derecho de acceso a la información implica así su deber de respuesta completa, oportuna y accesible ante todo peticionario de información; ofrecerle a éste un recurso para la satisfacción de su derecho que sea idóneo y efectivo; desplegar una conducta de transparencia activa, informando a la ciudadanía sobre los derechos que tiene y como realizarlos, en lo particular sobre su derecho de acceso a la información, disponiendo de las estructuras y presupuestos necesarios; en fin, su obligación de implementar adecuadamente las garantías del derecho de acceso a la información y adecuar al efecto el ordenamiento jurídico nacional.

En este orden, desde su sentencia en el *Caso Claude Reyes*, la Corte indica que el interesado en la información pública no tiene porqué demostrar "un interés directo para su obtención o una afectación personal". Ella, dada su naturaleza, sirve siempre para la divulgación y para los fines del control democrático que ha de ejercer la opinión pública sobre el propio Estado. Es la información, pues, según el fallo de marras y en apelación que hace a los términos de la Carta Democrática Interamericana, un instrumento para lucha contra la corrupción y el aseguramiento de la transparencia en la gestión gubernamental. De allí que, el titular de dicho derecho tiene el derecho a recibir la información que solicita, a conservarla, a transportarla y a divulgarla como derecho propio a la vez que colectivo.

El acceso a la información como derecho admite, a todo evento, restricciones, que son propias a los derechos humanos y a la misma libertad de pensamiento y expresión dentro de los límites y condiciones admisibles en una sociedad democrática.

En su fallo del *Caso Myrna Mack Chang vs. Guatemala* (25 de noviembre de 2003) la Corte Interamericana, apuntando sobre el tema del secreto de Estado sostiene, sin embargo, que los poderes públicos del Estado no pueden ampararse en este cuando se le pidan informaciones necesarias para el esclarecimiento de las violaciones de derechos humanos, y así lo precisa aquella en términos esclarecedores:

"En el marco de un procedimiento penal, especialmente cuando se trata de la investigación y persecución de ilícitos atribuibles a las fuerzas de seguridad del Estado, surge una eventual colisión de intereses entre la necesidad de proteger el secreto de Estado, por un lado, y las obligaciones del Estado de proteger a las personas de los actos ilícitos cometidos por sus agentes públicos y la de investigar, juzgar y sancionar a los responsables de los mismos, por el otro lado. [...L]os poderes públicos no pueden escudarse tras el manto

protector del secreto de Estado para evitar o dificultar la investigación de ilícitos atribuidos a los miembros de sus propios órganos... "No se trata pues de negar que el Gobierno deba seguir siendo depositario de los secretos de Estado, sino de afirmar que, en materia tan trascendente, su actuación debe estar sometida a los controles de los otros poderes del Estado o de un órgano que garantice el respeto al principio de división de los poderes...".

De esta manera, lo que resulta incompatible con el Estado de Derecho y la tutela judicial efectiva de los derechos "no es que haya secretos, sino que estos secretos escapen de la ley, esto es, que el poder tenga ámbitos en los que no es responsable porque no están regulados jurídicamente y que por tanto están al margen de todo sistema de control...".

La Corte considera al respecto, incluso, el supuesto de la negativa de acceso a la información dentro del mismo Estado. Considera inadmisible que los órganos judiciales, ocupados de esclarecer hechos y juzgar a responsables de violaciones de derechos humanos, encuentren obstáculos en sus esfuerzos por acceder a informaciones relevantes, animados por el interés de "privilegiar la clandestinidad del Ejecutivo y perpetuar la impunidad".

A manera de síntesis y como lo declara antes en la sentencia del *Caso Claude Reyes* citado, es al Estado a quien corresponde justificar y probar su eventual ruptura con el citado principio de la máxima divulgación y al hacerlo ha de proceder de buena fe. El dictado de la Corte es amplio y preciso (*Gomes Lund y otros v. Brasil*, Sentencia de 24 de noviembre de 2010) como puede observarse:

"[P]ara garantizar el ejercicio pleno y efectivo de este derecho [de acceso a la información]es necesario que la legislación y la gestión estatales se rijan por los principios de buena fe y de máxima divulgación, de modo que toda la información en poder del Estado se presuma pública y

accesible, sometida a un régimen limitado de excepciones. Igualmente, toda denegatoria de información debe ser motivada y fundamentada, correspondiendo al Estado la carga de la prueba referente a la imposibilidad de relevar la información [demostrando, incluso en ausencia real de ella, que ha adoptado todas las medidas a su alcance para comprobarlo], y ante la duda o el vacío legal debe primar el derecho de acceso a la información. Por otro lado, la Corte recuerda lo indicado sobre la obligación de las autoridades estatales de no ampararse en mecanismos como el secreto de Estado o la confidencialidad de la información en casos de violaciones de derechos humanos".

EPÍLOGO: DE REGRESO A LA SOCIEDAD CIVIL

Si trata de construir, como lo señalásemos al principio, un Estado fundado en la verdad y superar el relativismo disolvente y en curso; admitido que la democracia, según la previsión inaugural de la Carta Democrática Interamericana es un derecho humano de los pueblos; considerándose, por ésta, en su artículo 4, que las entidades y sectores de la sociedad son, de suyo, fundamentales para la democracia y que la participación es condición necesaria para el ejercicio de la democracia; en otras palabras, si el derecho a la participación, entre otras formas, se manifiesta a través del acceso y el uso de la información en manos del Estado con propósitos democratizadores, cabe repita y concluya con lo que, en mi señalado libro sobre la *Calidad de la Democracia*, apunto respecto la sociedad civil de nuestros días.

Ella, exponencialmente invertebrada, trastocada por la egolatría vocacional de las redes sociales cuando dejan de ser instrumentos y derivan en fines y absolutos, tiene ante sí, como desafío agonal, readquirir su articulación y "civilidad", es decir, encontrar su ethos cultural y ello es esencial, lo dice Luis Almagro, Secretario General de la OEA, pues "la sociedad civil es vital para identificar los problemas de la región… [y es] el motor del cambio democrático".

El caso es que dentro de tal concepto – el de sociedad civil – no pocos, en especial quienes se dicen representarla, suman de modo indiscriminado las más diversas expresiones asociativas, en lo particular cuando tratan de situarlas como una suerte de muro de contención frente al Estado, la política, los políticos, e incluso agregan, sobre todo, las manifestaciones sociales más variadas de la anti-política y que al término, sin ocultarlo, con ello buscan abrirse espacios dentro de la política en abierta confrontación competitiva con los partidos políticos, sustituyéndoles.

De modo que, para los fines que nos interesan, una primera línea delimitadora que cabe trazar sobre el mapa es la que sostiene que "para que se pueda iniciar una transición democrática debe haber una comunidad política receptiva a las aspiraciones democráticas". Y la condición es válida, pues la pregunta no huelga: ¿Es democrática la sociedad civil que hoy presiona con su presencia envolvente en los espacios públicos domésticos e internacionales, modulando e incluso imponiendo sus exigencias sobre las políticas públicas?

¿De qué sociedad civil hablamos y cuál es la sociedad civil que intenta dibujar nuestros actuales espacios públicos en puja diaria con y frente a los partidos políticos venidos del siglo XX? ¿Es propicia tal sociedad civil a nuestra democratización o las exigencias de la democracia y la ciudadanía han de ajustarse a sus preferencias grupales o cosmovisiones primarias, no pocas veces fundadas en un derecho a la diferencia que niega a los diferentes?

Así las cosas, para la defensa de la democracia, su sentido necesario del pluralismo y una efectiva lucha por la transparencia, por la forja de una verdad constitucional integradora y renovada, cabe resolver, en el ámbito de la sociedad civil, el carácter fragmentario o celular que acusa actualmente su tejido, dando lugar a una miríada de cosmovisiones caseras que antagonizan entre sí, todas a una con pretensiones de universalidad y de acallar la voz de sus contrarias.

El objetivo, así las cosas, es reconstruir el capital social, no tanto el que "une a personas iguales en aspectos étnicos, de sexo, edad…" sino el que, como lo afirma Robert Putnam (*El declive del capital social*, Barcelona, 2003), tiende puentes entre "redes sociales que unen a personas desiguales", pues es el que tiende a producir efectos externos positivos. Y ese objetivo es un claro desafío, pues como asimismo lo destaca Víctor Pérez Díaz (*Primacía de la sociedad civil*, Alianza Editorial. Madrid, 1994), "los cimientos de las redes sociales se apoyan sobre un terreno movedizo: el de las nuevas generaciones y el de las capas profundas de autoritarismo, resentimiento y miedo a la libertad que forman parte del carácter de las generaciones actuales".

La transparencia y calidad de la democracia, al término, es quizás y por lo pronto, un mito, es un plan, es un proyecto impostergable, que de no realizarse y prontamente, hará que, paradójicamente, nuestro cosmos vague entre las tinieblas de error y quede condenado, bajo el relativismo de moda, al abismo de la ignorancia en la Era del Conocimiento.

BIBLIOGRAFÍA GENERAL

AGUIAR A. Asdrúbal. *El derecho a la democracia*, EJV, Colección Estudios Jurídicos, 87, Caracas. 2008

_____ "El derecho a la verdad judicial", *Revista de Derecho Público*, 121, EJV, Caracas. 2010

_____ *Memoria, Verdad y Justicia: Derechos humanos transversales a la democracia*, EJV, Caracas. 2012

_____ *Digesto de la democracia: Jurisprudencia de la Corte Interamericana de Derechos Humanos 1987-2014*, EJV/Observatorio Iberoamericano de la Democracia, Caracas/ Buenos Aires. 2014

_____ *La democracia del siglo XXI y el final de los Estados*, Cyngular, Caracas. 2014

_____ *Calidad de la democracia y expansión de los derechos humanos*, Colección Cuadernos de la Cátedra, 2, Miami Dade College/EJV, Miami/Caracas. 2018

ASPREMONT, Jean d'. *L'Etat non democratique en droit international*, Pedone, Paris. 2008

Azzariti, Gaetano. *¿Il costituzionalismo moderno può sopravvivere?*, Laterza, Bari, Italia.

BARRIO MAESTRE, J.M. ¿Democracia moral o moral democrática?, *Cuadernos de Anuario Filosófico*, Universidad de Navarra. 1997

BOBBIO, Norberto / Giuliano PONTARA / Salvatore VECA. *Crisis de la democracia*, Ariel, Barcelona, España. 1985

BOBBIO, Norberto. *El futuro de la democracia*, FCE, México. 2001

CALAMANDREI, Piero. *Il fascismo come régimen della menzogna*, Laterza, Bari, Italia. 2014

CANSINO, César. *La muerte de la ciencia política*, Sudamericana, Buenos Aires. 2008

DAHERENDORF, Ralf y POLITO, Antonio. *Después de la democracia*, FCE, México. 2003

DAHL, Robert. *Democracy and Its Critics*, Yale University Press. 1989

FERRAJOLI, Luigi. *Principia iuris: Teoría del derecho y de la democracia*, 2, Trotta, Madrid. 2011

FRYDMAN, Benoît. "¿La transparence, un concept opaque?", *Journal des tribunaux*, 6265. 2007

GUISÁN, Esperanza. *Más allá de la democracia*, Tecnos, Madrid. 2000

HÄBERLE, Peter. *Verdad y Estado constitucional*, UNAM, México. 2006

LEVINE, Daniel H. y MOLINA, José Enrique. "La calidad de la democracia en América Latina: una visión comparada", en *América Latina Hoy*, núm. 45, abril, Universidad de Salamanca, España. 2007

NIETZSCHE, Federico. *Así hablaba Zaratustra*, Imprenta de Badía, Barcelona, España. 1905

OEA, Relatoría Especial para la Libertad de Expresión (2010), *El derecho de acceso a la información en el marco jurídico interamericano*, CIDH, Washington, DC.

PÉREZ DÍAZ, Víctor. *Primacía de la sociedad civil*, Alianza, Madrid. 1994

PERRAMON, Jordi. "La transparencia: concepto, evolución y retos actuales", *Revista de Contabilidad y Dirección* 16. 2013

PETERS, Anne. "La transparence come principe de droit international public", en *Le cosmopolitsime juridique* (Olivier d'Frouville, director), Pedone, Paris. 2015

PUTNAM, Robert. *El declive del capital social: Un estudio internacional sobre las sociedades y el sentido comunitario*, Galaxia Gutemberg, Barcelona. 2003

RAMÍREZ BRICEÑO, Edgar R. "Apuntes éticos: Esperanza Guisán y un utilitarismo cordial e ilustrado", *Revista de Filosofía*, Universidad de Costa Rica, LIII, 135

RIDEAU, Joel. Director. *La transparence dans l'Union Européenne: ¿Mythe ou principe juridique?*, LGDJ, Paris 1998.

ROIZ, Javier. *El gen democrático*, Trotta, Madrid 1996.

SALAZAR UGARTE, Pedro. *La democracia constitucional: Una radiografía teórica*, FCE/Instituto de Investigaciones Jurídica de la UNAM, México 2006.

VAN REYBROUCK, David. *Contra las elecciones: Cómo salvar la democracia*, Taurus, Barcelona, España.

VIOLA, Francesco. *La democracia deliberativa entre constitucionalismo y multiculturalismo*, UNAM, México 2006.

WHITEHEAD, Laurence. *Democratización: Teoría y experiencia*, FCE, México 2011.

WARUSFEL, Bertrand. "Les secrets protégés para la loi, limites à la transparence", *Revue générale nucléaire*, 1, janvier-février, Paris 2003.

VI

CONTROL DE CONVENCIONALIDAD Y DIÁLOGO JURISPRUDENCIAL SOBRE LA DEMOCRACIA

TEORÍA DE LA COHERENCIA FUNCIONAL[55]

INTRODUCCIÓN

La cuestión del llamado control de convencionalidad, a la luz de la jurisprudencia de la Corte Interamericana de Derechos Humanos y la que a su vez elaboran los tribunales

---

[55] El texto original del presente artículo, luego revisado, ampliado y actualizado, contiene nuestra participación en las VII Jornadas Colombo Venezolanas de Justicia Constitucional, realizadas el 1 y 2 de marzo de 2016, celebradas en la Universidad Católica Andrés Bello de Caracas, bajo los auspicios de la Fundación Konrad Adenauer. Sucesivamente sirvió de base para nuestras lecciones en el Diplomado Internacional en Derechos Humanos y Control de Convencionalidad, organizado por la Universidad Católica Santa María La Antigua, en ciudad de Panamá, durante los días 13 y 14, 20 y 21 de septiembre de 2019. Fue publicado por la *Revista de Derecho Público*, 161-162, Caracas, Editorial Jurídica Venezolana, enero-junio 2020 y *Revista de Derecho Constitucional*, N°16, Universidad del Salvador/IJ Editores. Buenos Aires, abril 2021 [ISSN 2422-5762]

constitucionales domésticos y del diálogo sostenido entre aquella y estos, como de las elaboraciones de la doctrina, revela un avance teórico y práctico encomiables. Ello es así más allá de que la situación de los derechos humanos y de la democracia en las Américas – en los planos de su respeto por los Estados y la tutela interamericana efectiva – no sea la más prometedora.

Su esbozo pionero lo hace el juez Sergio García Ramírez con el propósito de perfilar mejor, con sus debidos cuidados, la naturaleza del citado órgano jurisdiccional encargado de la protección regional internacional de derechos humanos. Lo hace así con vistas a que la misma Corte, al juzgar el comportamiento de los Estados parte a propósito de las violaciones de derechos humanos que le sean atribuidas, tenga conciencia de su papel y del contenido imperativo de la Convención Americana de Derechos Humanos que la crea; sea por hacer parte ésta del orden público internacional como por integrar, a su vez, el denominado bloque de la constitucionalidad en las jurisdicciones internas. Y como lo dice la misma Corte en repetidas oportunidades, ello en modo alguno la erige como cuarta instancia sobre la pirámide judicial de los Estados pues su jurisdicción es más compleja.

No por azar, la Corte ha dicho claramente que "es consciente de que las autoridades internas están sujetas al imperio de la ley y, por ello, están obligadas a aplicar las disposiciones vigentes en el ordenamiento jurídico. Pero cuando un Estado es parte de un tratado internacional como la Convención Americana, todos sus órganos, incluidos sus jueces, también están sometidos a aquél, lo cual les obliga a velar por que los efectos de las disposiciones de la Convención no se vean mermados por la aplicación de normas contrarias a su objeto y fin" (Corte IDH, *Caso de Cabrera García y Montiel Flores*, Sentencia de 26 de noviembre de 2010, párr. 225).

La Corte no tutela así un sistema paralelo o meramente sobrepuesto al de los Estados o en competencia con los mismos, sino que, forjado sobre la soberanía concurrente de éstos ancla la normativa interamericana sobre derechos humanos en los principios del citado orden público para fisurar o modelar con sus postulados y al mismo tiempo tanto al orden internacional en su base contractualista clásica como a los ordenamientos internos de los propios Estados.

García Ramírez, en efecto, se propone lo que antes y en su momento también hacen la misma Corte y el hoy fallecido juez Rodolfo Piza Escalante al referirse al rol de la Comisión Interamericana de Derechos Humanos, la que al igual la Corte es órgano competente para conocer del cumplimiento por los Estados de los términos de la Convención.

A propósito del *Caso de Viviana Gallardo* (Corte IDH, Decisión de 13 de noviembre de 1981, Voto, párr. 4) y al tratar sobre el derecho de toda persona de llevar un caso ante la Comisión, sea o no sea una víctima, indica Piza, salvando su voto y a la vez en criterio que acoge la Corte, que "este esquema es importante para comprender la estructura de la jurisdicción [interamericana] … aun cuando lo haya sido [en su invocación] por la Comisión Interamericana, la cual nunca tiene el rol de parte sustancial, actora ni demandada, sino siempre la de parte *sui generis*, puramente procesal, auxiliar de la justicia, a la manera de un «ministerio público» del sistema" de protección de derechos humanos.

García Ramírez, en el *Caso de los Trabajadores cesados del Congreso peruano* (Corte IDH, Sentencia de 24 de noviembre de 2006, Voto, párr. 4), afirma que: "En otras ocasiones he cotejado la función de los tribunales internacionales de derechos humanos con la misión de las cortes constitucionales internas. Estas tienen a su cargo velar por el Estado de Derecho a través del juzgamiento sobre la subordinación de actos de autoridades a la ley suprema de la nación".

Sin mengua de que en esas ocasiones no se le califica como tal a dicho instituto – control de convencionalidad – el mismo juez Piza, describiendo luego la actividad jurisdiccional de la Corte en la *Opinión Consultiva sobre la Constitución Política de Costa Rica*, observa que: "No ha de sustituirse a las autoridades nacionales competentes, con olvido del carácter subsidiario del mecanismo internacional de garantía colectiva instaurado por el Convenio. Las autoridades nacionales siguen siendo libres de elegir las medidas que estimen apropiadas en las materias regidas por el Convenio". Y a renglón seguido agrega lo que importa, a saber, que "el control del Tribunal no se refiere sino a la conformidad de estas medidas con las exigencias del Convenio" (Corte IDH, OC-4/1984, párr. 10).

En uno u otro caso, lo importante a destacar reside en la precisión del pleno de la Corte en cuanto a que, el juez nacional, "al elegir las medidas" que refiere Piza ha de hacerlo ajustado al *corpus iuris interamericano*.

Se hace presente, ahora sí y en consecuencia, la cuestión del control de convencionalidad que han de realizar tanto la Corte – sea en propiedad y a propósito de los casos contenciosos que conoce, sea de manera preventiva y como orientación al emanar sus opiniones consultivas[56] – como los

---

[56] "El propósito central de la función consultiva es obtener una interpretación judicial sobre una o varias disposiciones de la Convención o de otros tratados concernientes a la protección de los derechos humanos en los Estados americanos. En este orden de ideas, las Opiniones Consultivas cumplen, en alguna medida, la función propia de un control de convencionalidad preventivo". Corte IDH. *Titularidad de derechos de las personas jurídicas en el Sistema Inter americano de Derechos Humanos (Interpretación y alcance del artículo 1.2, en relación con los artículos 1.1, 8, 11.2, 13, 16, 21, 24, 25, 29, 30, 44, 46, y 62.3 de la Convención Americana sobre Derechos Humanos, así como del artículo 8.1 A y B del Protocolo de*

jueces nacionales y que, al no representar la actuación de dicha Corte una corrección piramidal o de instancia sobre lo decidido en el plano doméstico por los Estados parte de la Convención, provoca, mejor aún, el llamado «diálogo jurisprudencial» entre jurisdicciones – la internacional o convencional, anclada en los tratados de derechos humanos, con las domésticas o constitucionales y viceversa – a objeto de lograr no sólo la plenitud de la propia Convención Americana sino una decisión que responda a lo que señala el artículo 29 de ésta sobre su interpretación, es decir, que

1) No sea limitativa de los derechos humanos, sino en la medida convencionalmente aceptada;

2) no sea excluyente de otros derechos que la Convención no contempla, pero sí la Constitución o leyes del respectivo Estado;

3) sea reconocedora de todo derecho que no estando contemplado normativamente pueda aceptarse conforme a los criterios de inherencia a lo humano, derivado de la democracia, o contemplado en las declaraciones internacionales sobre derechos humanos por entenderse como interpretaciones auténticas de la Convención.

El diálogo jurisprudencial, resultado de los controles de convencionalidad interamericano y nacionales, en efecto y por lo visto, representa un eslabón apropiado, una sede privilegiada para la resolución de los grandes problemas que plantean como desafíos el respeto a la dignidad humana y su prelación ontológica frente a lo normativo, la renovación de la experiencia democrática en medio de un ambiente de desencanto, y un régimen apropiado de garantías jurídicas susceptible de darle gobernabilidad a las fuerzas disolventes de

---

San Salvador). Opinión Consultiva OC-22/16 de 26 de febrero de 2016. Párr. 26.

lo social y de lo político-territorial que, con velocidad inusitada, pugnan en los espacios trasnacionales y buscan relativizar al hombre y su existencia.

PRECISIONES CONCEPTUALES

Carlos Ayala Corao, quien estudia la cuestión a profundidad pone de relieve el significado teleológico del citado control y el diálogo que éste procura, afirma que su resultado es "un enriquecimiento mutuo en la construcción de soluciones equivalentes [entre distintas jurisdicciones] acordes a los principios del derecho democrático". Lo que, al paso y como lo señala el autor, permite la forja y hace evidente "una nueva concepción democrática de la soberanía, que podemos denominar una *soberanía de los derechos*, la cual limita al poder de los Estados desde una doble fuente: la constitucional y la internacional, como objeto y propósito de proteger universalmente a la persona humana".[57]

Se ha de tener presente, en tal orden, que "cuando un Estado ha ratificado un tratado internacional como la Convención Americana, sus jueces, como integrantes del aparato u órganos del Estado también están sometidos a ella, lo que les obliga a velar porque los efectos de las disposiciones de la Convención no se vean mermadas por la aplicación de leyes contrarias a su objeto y fin, y que desde un inicio carecen de efectos jurídicos" (Corte IDH, *Caso Almonacid Arellano*, Sentencia de 26 de septiembre de 2006, párr. 124).

De modo que el control de convencionalidad, entonces, es la herramienta que concreta el cumplimiento por el Estado de sus obligaciones internacionales en el plano del Derecho

---

[57] Carlos Ayala Corao, *Del diálogo jurisprudencial al control de convencionalidad*, Editorial Jurídica Venezolana, Caracas, pp. 7 y 18.

interno. Como lo aclara Claudio Nash[58], es la concreción de una garantía hermenéutica, es decir, que los derechos humanos internacionalmente consagrados sean conformes en sus núcleos y alcances – amplio goce y limites restrictivos – con las obligaciones de respeto y garantía asumidas por cada Estado, según las previsiones de la Convención Americana y las interpretaciones auténticas que de estos realizan sus órganos de aplicación, la Comisión y la Corte Interamericanas.

a) *Reglas del control de convencionalidad y sus efectos*

No basta, por ende, que el Estado, al cumplir sus obligaciones de respeto y garantía adecue, desaplique o expulse las leyes inconformes o dicte las necesarias, pues al cabo lo que importa es que sus órganos, dentro del marco de sus competencias, apliquen "las normas de origen interno de forma tal que sean compatibles con las obligaciones internacionales del Estado y les den efectividad a los derechos consagrados interna e internacionalmente".[59]

Las reglas de la Corte, respecto de la obligación de cada Estado parte de "adecuar su derecho interno a la Convención, contenida en el artículo 2 de la misma" y que ha de cumplir de buena fe (*pacta sunt servanda*), garantizando que sus respectivas actuaciones tengan efectos reales (*effet utile*), señalan que se trata de "un principio básico del derecho sobre la responsabilidad internacional de los Estados" (Corte IDH, *Caso Herzog y otros Vs. Brasil*, Excepciones Preliminares, Fondo, Reparaciones y Costas, Sentencia de 15 de marzo de 2018, párrs. 311 y 312).

A renglón seguido precisan que:

---

[58] Corte IDH, *Control de convencionalidad*, Cuadernillo de Jurisprudencia N° 7, San José de Costa Rica, 2019, p. 4.

[59] Loc. cit.

(a) No basta que el Estado inaplique una norma contraria a la obligación internacional asumida, sino que media "una obligación legislativa de suprimir toda norma violatoria a la Convención y, en segundo lugar, porque el criterio de las cortes internas puede cambiar, decidiéndose aplicar nuevamente una disposición que para el ordenamiento interno permanece vigente" (*Caso Almonacid*, cit., párr. 121). De modo que, sin más, el Estado ha de "dejar sin efecto disposiciones legales contrarias a la Convención" (Corte IDH, *Caso Norín Catrimán y otros (Dirigentes, Miembros y Activista del Pueblo Indígena Mapuche) Vs. Chile*, Supervisión de Cumplimiento de Sentencia. Resolución de la Corte Interamericana de Derechos Humanos de 28 de noviembre de 2018. Párr. 64);

(b) ha de adecuar la legislación interna "dentro de un plazo razonable, [y] … de conformidad con los parámetros establecidos en esta Sentencia" (Corte IDH, *Caso Mendoza y otros Vs. Argentina*, Excepciones Preliminares, Fondo y Reparaciones, Sentencia de 14 de mayo de 2013, párr. 121);

(d) y cuando no se hace necesaria la modificación legislativa para la adecuación a las obligaciones internacionales, ha de interpretar el Estado sus propias normas de modo coherente con "los principios establecidos por la jurisprudencia del tribunal" (Corte IDH, *Caso Colindres Schonenberg Vs. El Salvador*, Fondo, Reparaciones y Costas, Sentencia de 4 de febrero de 2019, párr. 130) y según la Convención (eficacia interpretativa):

"Es necesario que la aplicación de las normas o su interpretación, en tanto prácticas jurisdiccionales y manifestación del orden público estatal, se encuentren ajustadas al mismo fin que persigue el artículo 2 de la Convención" (Corte IDH, *Caso Radilla Pacheco vs. México*, Sentencia de 23 de noviembre de 2009. Párr., 338).

Advierte la Corte, en subsidio,

"la relevancia de la debida interpretación de la legislación y aplicación del control de convencionalidad, a la
luz de la jurisprudencia de la Corte y estándares
internacionales aplicables" (Corte IDH. *Caso Comunidad
Garífuna de Punta Piedra y sus miembros Vs. Honduras.*
Excepciones Preliminares, Fondo, Reparaciones y Costas.
Sentencia de 8 de octubre de 2015. Párr. 211).

La Convención, una vez integrada al bloque de la
constitucionalidad por sus Estados parte[60] es un estatuto que
rige las obligaciones de éstos en el campo de los derechos
humanos de las personas sujetas a su jurisdicción. Su
violación, por ende, de no producirse el debido y oportuno
restablecimiento del orden convencional vulnerado, ni
otorgarse, cuando proceden, las reparaciones a las víctimas por
comportamiento imputables a los Estados, éstos comprometen
su responsabilidad internacional por hechos internacionalmente ilícitos, conforme al artículo 63,1 en concordancia con
los artículos 1 y 2 *ejusdem* que fijan – los últimos – las
obligaciones de respeto y de garantía de los derechos humanos
reconocidos.

"[C]onforme al derecho internacional, cuando un Estado es
parte de un tratado internacional, como la Convención
Americana, dicho tratado obliga a todos sus órganos, incluidos
los poderes judicial y legislativo por lo que la violación por
parte de alguno de dichos órganos genera responsabilidad
internacional para aquel", recuerda la Corte, antes de agregar,
por consiguiente, que:

---

[60]   Ayala, *op. cit.*, 90.

163

"estima de necesario que los diversos órganos del Estado realicen el correspondiente control de convencionalidad, también sobre la base de lo que señale en ejercicio de su competencia no contenciosa o consultiva, la que innegablemente comparte con su competencia contenciosa, el propósito del sistema interamericano de derechos humanos, cual es, la protección de los derechos fundamentales de los seres humanos (Corte IDH. *La institución del asilo y su reconocimiento como derecho humano en el Sistema Interamericano de Protección (interpretación y alcance de los artículos 5, 22.7 y 22.8, en relación con el artículo 1.1 de la Convención Americana sobre Derechos Humanos)*. Opinión Consultiva OC-25/18 de 30 de mayo de 2018. Párr. 58).

Es consciente, por lo antes dicho, que todos a uno, los Estados parte de la Convención quedan atados en el ejercicio de sus competencias dispuestas por el Derecho interno al cumplimiento de las obligaciones que la misma establece y al efecto hace "primar [dicho] control de convencionalidad, que es función y tarea de cualquier autoridad pública y no solo del Poder Judicial" (Corte IDH, *Caso Gelman*, Sentencia de 24 de febrero de 2011, párr. 239). De suyo, no impone un modelo de control específico, concentrado o difuso, judicial, legislativo o ejecutivo, sino que reclama de su existencia, la del control de convencionalidad, al recordar, v.gr. que: "si bien... reconoce la importancia de estos órganos como protectores de los mandatos constitucionales y los derechos fundamentales [se refiere a los Tribunales Constitucionales], la Convención Americana no impone un modelo específico para realizar un control de constitucionalidad y convencionalidad. En este sentido, la Corte recuerda que la obligación de ejercer un control de convencionalidad entre las normas internas y la Convención Americana compete a todos los órganos del Estado, incluidos sus jueces y demás órganos vinculados a la administración de justicia en todos los niveles" (Corte IDH, *Caso Liakat Ali Alibux Vs. Surinam*, Excepciones Preliminares, Fondo, Reparaciones y Costas, Sentencia de 30 de enero de 2014, párr. 124).

Las obligaciones internacionales de los Estados en materia de derechos humanos han de entenderse, en suma, en su fuerza prescriptiva o normativa y no como programas o aspiraciones. Por lo mismo, receptadas como sean tales obligaciones dentro del ordenamiento jurídico interno, quien ejerce el control de constitucionalidad – declara la conformidad de las normas y acaso las adecua en su interpretación o las expulsa por inconstitucionales – ha de cumplimentar a la vez o a renglón seguido el debido control de convencionalidad (Corte IDH, *Caso Boyce y otros vs. Barbados*, Sentencia de 20 de noviembre de 2007, párrs. 77 y 78).

"En otras palabras, los órganos del Poder Judicial deben ejercer no sólo un control de constitucionalidad, sino también "de convencionalidad" *ex officio* entre las normas internas y la Convención Americana, evidentemente en el marco de sus respectivas competencias y de las regulaciones procesales correspondientes. Esta función no debe quedar limitada exclusivamente por las manifestaciones o actos de los accionantes en cada caso concreto, aunque tampoco implica que ese control deba ejercerse siempre, sin considerar otros presupuestos formales y materiales de admisibilidad y procedencia de ese tipo de acciones" (Corte IDH, *Caso Trabajadores Cesados del Congreso (Aguado Alfaro y otros) Vs. Perú*, Excepciones Preliminares, Fondo, Reparaciones y Costas, Sentencia de 24 de noviembre de 2006, párr. 128). "Es necesario, que las interpretaciones constitucionales y legislativas… se adecúen a los principios establecidos en la jurisprudencia de este Tribunal", sostiene la misma Corte Interamericana de un modo preciso (*Caso Radilla Pacheco*, cit., párrs. 114 y 115).

b)   *La tarea hermenéutica*

En su tarea hermenéutica y de adecuación del derecho interno al derecho internacional de derechos humanos, a través del control de convencionalidad, los órganos del Estado competentes han de ser conscientes de lo advertido por la Corte, en cuanto a que "varios tribunales nacionales de la más alta jerarquía han entendido que la jurisprudencia internacional es fuente de derecho, si bien con distintos alcances, y han utilizado los *obiter dicta* y/o las *ratio decidendi* de dicha jurisprudencia para fundamentar o guiar sus decisiones e interpretaciones" (*Caso Gelman*, cit., párr. 86). La prevención no es ociosa, por cuanto si bien es cierto que la jurisprudencia que resulta de la función contenciosa de la Corte obliga de manera directa y estricta a los Estados parte llamados a estrados, evadir su doctrina otro Estado parte que ha de aplicar la Convención alegando no sentirse vinculado por la misma, le expone a un comportamiento que puede ser constitutivo de su responsabilidad internacional por hecho internacionalmente ilícito.

Ha declarado la Corte, ante hipótesis como la señalada, que si bien "el Estado ha reconocido ante esta instancia internacional que una interpretación diferente de la figura de la prescripción en acciones civiles de reparación en casos de crímenes de lesa humanidad constituye una violación de derechos reconocidos en la Convención… [l]a consecuencia necesaria de la posición del Estado es que interpretaciones judiciales actuales o futuras inconsecuentes con ese criterio serían contrarias a la Convención y, por ende, comprometerían la responsabilidad del Estado" (Corte IDH. Caso Órdenes Guerra y otros Vs. Chile. Fondo, Reparaciones y Costas. Sentencia de 29 de noviembre de 2018. Párr. 133).

Es conteste la misma en cuanto a que en la aplicación que hacen los jueces nacionales de las normas de la Convención Americana, ellos las interpretan o adecuan a concretos supuestos de hecho guiándose por la jurisprudencia de la Corte

Interamericana. Se trata de un camino que se recorre en doble vía, de manera dinámica y bajo el criterio de la subsidiariedad, según lo describe la Corte Interamericana con amplitud y lo destaca Ayala Corao:

"[E]n el sistema interamericano, existe un control dinámico y complementario de las obligaciones convencionales de los Estados de respetar y garantizar los derechos humanos, conjuntamente entre las autoridades internas (primariamente obligadas) y las instancias internacionales (en forma complementaria), de modo que los criterios de decisión, y los mecanismos de protección, tanto los nacionales como los internacionales, puedan ser conformados y adecuados entre sí. Así, la jurisprudencia de la Corte muestra casos en que se retoman decisiones de tribunales internos para fundamentar y conceptualizar la violación de la Convención en el caso específico; en otros casos se ha reconocido que, en forma concordante con las obligaciones internacionales, los órganos, instancias o tribunales internos han adoptado medidas adecuadas para remediar la situación que dio origen al caso; ya han resuelto la violación alegada; han dispuesto reparaciones razonables, o han ejercido un adecuado control de convencionalidad. En este sentido, la Corte ha señalado que la responsabilidad estatal bajo la Convención solo puede ser exigida a nivel internacional después de que el Estado haya tenido la oportunidad de reconocer, en su caso, una violación de un derecho, y de reparar por sus propios medios los daños ocasionados" (*Caso Colindres Schonenberg*, cit., párr. 75).

Finalmente, el modelo del juicio de convencionalidad como *baremo de compatibilidad y de cumplimiento* por cada Estado parte y por su iniciativa, responde a claros principios que se desprenden del Derecho internacional y enuncia la propia Corte:

"Los jueces y órganos vinculados a la administración de justicia en todos los niveles están en la obligación de *ejercer ex officio* un "control de convencionalidad" entre las normas internas y la Convención Americana, evidentemente *en el marco de sus respectivas competencias* y de las regulaciones procesales correspondientes. En esta tarea, los jueces y órganos vinculados a la administración de justicia *deben tener en cuenta no solamente el tratado, sino también la interpretación que del mismo ha hecho la Corte Interamericana*, intérprete última de la Convención Americana" (Corte IDH, *Caso López Lone y otros Vs. Honduras*, Excepción Preliminar, Fondo, Reparaciones y Costas, Sentencia de 5 de octubre de 2015, párr. 307; Corte IDH, *Caso Comunidad Garífuna de Punta Piedra y sus miembros Vs. Honduras*, Excepciones Preliminares, Fondo, Reparaciones y Costas, Sentencia de 8 de octubre de 2015, párr. 346; Corte IDH, *Caso Órdenes Guerra y otros Vs. Chile*, Fondo, Reparaciones y Costas, Sentencia de 29 de noviembre de 2018, párr. 135).

Ayala Corao, innovando, analiza luego dicha cuestión del control de convencionalidad desde la perspectiva de su fruto, es decir, del mencionado diálogo jurisprudencial que, como experiencia es el relevante para el propósito que interesa y es susceptible de provocar la relación de la jurisdicción interamericana con los jueces nacionales en el campo de los derechos humanos y de la democracia como su odre, propiciando sus revalorizaciones.

Ello implica para cada juez la posibilidad de transitar – lo recuerda Ayala – por el camino de distintas técnicas, como: "la interpretación conforme, la interpretación vinculante, la interpretación orientadora, la norma interpretada, la cosa juzgada internacional, la interpretación vinculante y el bloque de la constitucionalidad".[61] Y agrega, para sintetizar lo conceptual y luego de referirse a los fundamentos jurídicos y la naturaleza del control de convencionalidad como al contenido de los artículos 1 y 2 de la Convención Americana, que:

> "El control de convencionalidad consiste entonces en una obligación que corresponde a todos los órganos del poder público del Estado, tanto a nivel nacional como en sus niveles inferiores de distribución político territorial (estados, provincias, regiones, municipios u otros), con independencia de la responsabilidad internacional del Estado nacional", según el tenor del artículo 28 *ejusdem*. Y "de allí que todos los actos y actividades del Estado estén sometidos a este control, comenzando con la propia Constitución y las leyes, los actos administrativos, las sentencias y en general, todos los demás actos estatales".[62]

c)   *La bidireccionalidad del diálogo, supuesto del agotamiento de los recursos internos*

Esa tarea del control de convencionalidad, según el acertado criterio del autor, no se detiene en las paredes de la oficina de cada juez o que, acaso, pueda ser de interés para fines jurídicos comparatistas. El diálogo entre jurisdicciones que se suscita como "control de la arbitrariedad judicial" supone una exigente labor consciente y de razonamiento que – al anclar las normas y la doctrina internacionales dentro de los espacios constitucionales domésticos – busca influenciar, en reciprocidad y bidireccionalidad, el accionar de las otras jurisdicciones; ello, con vistas a una progresiva homologación

---

[61]   Ayala, *op. cit.*, p. 114.

[62]   Ídem, p. 119.

de las distintas jurisprudencias.[63] Se trata, por referirse a un control sobre el cumplimiento de obligaciones internacionales en materia de derechos humanos, de una cuestión muy sensible, quizás la vertebral, dentro de la experiencia democrática; lo que no la hace ajena a las mismas tensiones y conflictos propios de la democracia. Por ende, de hace pertinente, dado el caso, la preocupación que la misma Corte Interamericana hace presente en uno de sus fallos y a cuyo tenor "resulta preocupante la intimidación y presión que podrían enfrentar los operadores de justicia que, desde sus respectivas competencias, pretendan efectuar un control de convencionalidad" (Corte IDH, *Caso Miembros de la Aldea Chichupac y comunidades vecinas del Municipio de Rabinal, Caso Molina Theissen y otros 12 Casos Guatemaltecos Vs. Guatemala*, Medidas Provisionales y Supervisión de Cumplimiento de Sentencia, Resolución de la Corte Interamericana de Derechos Humanos de 12 de marzo de 2019, párr. 45).

El diálogo jurisprudencial que provoca el control de convencionalidad y se plantea entre los órganos principales de la Convención Americana y los Estados parte, ocurre por vía de un desdoblamiento funcional y de modo particular con los jueces nacionales, obligados estos a la realización de los términos de aquella en lo atinente a la tutela judicial efectiva que cristaliza como derecho el artículo 25 (Protección Judicial) convencional; pero hace posible también, a fin de cuentas, la igual realización del principio de agotamiento de los recursos internos del Estado como condición para que tenga lugar la actuación de los órganos de la señalada Convención, poniendo en marcha el estatuto sobre la responsabilidad internacional de los Estados por hechos internacionalmente ilícitos.

---

[63] Ibid., p. 23.

Hoy, favorecido ese diálogo por las facilidades del mundo digital y los reclamos por una mejor calidad en las democracias y la democratización de los espacios globales, al término se espera que ocurra una convergencia progresiva, escalonada, y multidireccional, de similar ida y de vuelta entre las jurisdicciones varias a que dé lugar la forja progresiva de un derecho común universal, anclado en la ética de la persona humana. Su fundamento, lo precisa Ayala, ha de ser entonces la misma democracia, sus valores, a saber, los que se desprenden de "los atributos esenciales de la dignidad de la persona humana".[64]

CONTROL Y DIÁLOGO SOBRE LA DEMOCRACIA

En mi libro sobre *Calidad de la democracia y expansión de los derechos humanos*, refiero que más allá del accionar político que sigue en pie para el sostenimiento de la libertad, la vigencia del estado de Derecho, y la garantía de los derechos fundamentales de la persona humana, el verdadero desafío o reclamo actual y que parece avanzar es el de la reinvención de la democracia; como si se tratase, incluso, de algo inédito – especie de utopía – para las generaciones del presente y con vistas al porvenir.

Dado ello me pregunto y he preguntado si ¿se trata, acaso, de una apuesta o, mejor un planteamiento que, de entrada, no descarta, sino que obliga a poner sobre la mesa de la crítica abierta al dogma de las formas y contenidos de la democracia tal y como se las entiende a lo largo de la modernidad y pide

---

[64] Ib., p. 219.

verificar sus consistencias con las realidades distintas, sobrevenidas, que muestra el siglo en curso y son propias a lo inevitable?[65]

No dudo en señalar que a través del diálogo jurisprudencial que auspicia el control de convencionalidad, cuando menos a la luz de la Convención Americana y, por aplicación de esta, los términos de la Carta Democrática Interamericana, guiada la actividad judicial por el principio de la progresividad acaso puedan encontrarse las respuestas necesarias en jurisprudencia que ya se nos muestra en escorzo.

Dos vías particulares y a la vez estrechamente vinculadas son susceptibles de hacer caminos y realizar el propósito anterior: una es el control de convencionalidad de la democracia y, la otra, el control de convencionalidad democrática.

a)   *Control de convencionalidad de la democracia*

Destaca como novedad la aplicación que de los términos de la Carta Democrática Interamericana viene haciendo la Corte Interamericana en virtud de distintos casos sometidos a su conocimiento y a objeto de darle contenido al ordinal d) del artículo 29 de la Convención, a cuyo tenor "Ninguna disposición de la presente Convención puede ser interpretada en el sentido de: ... excluir o limitar el efecto que puedan producir la Declaración Americana de Derechos y Deberes del Hombre y otros actos internacionales – a la sazón la Carta Democrática Interamericana – de la misma naturaleza".

La Declaración de Santiago de Chile, adoptada por la Quinta Reunión de Consulta de Ministros de Relaciones Exteriores de la OEA, en la misma oportunidad en que nace la

---

[65]   Asdrúbal Aguiar, *Calidad de la democracia y expansión de los derechos humanos*, Miami, Miami Dade College / Editorial Jurídica Venezolana International, 2018, p. 21.

Comisión Interamericana de Derechos Humanos y tiene como su primer presidente al eximio escritor y exmandatario venezolano Rómulo Gallegos, define una pauta sustantiva sobre la democracia que debe considerarse doctrina pionera en el hemisferio occidental y ha de ser ponderada por los operadores jurídicos.

La democracia, como sistema o régimen y como derecho que cabe a los gobiernos asegurarlo, se entiende, tal y como reza la Declaración, como sujeción a la ley mediante la independencia de los poderes y la fiscalización de los actos del gobierno por órganos jurisdiccionales del Estado; surgimiento de los gobiernos mediante elecciones libres; incompatibilidad con el ejercicio de la democracia o el ejercicio del poder sin plazo determinado o con manifiesto propósito de perpetuación; deber de los gobiernos de sostener un régimen de libertad individual y justicia social fundado en el respeto a los derechos humanos; protección judicial eficaz de los derechos humanos; contrariedad con el orden democrático de la proscripción política y sistemática; ejercicio de la libertad de prensa, información y expresión en tanto que condición esencial para la existencia del mismo sistema democrático; en fin, desarrollo de estructuras económicas que aseguren condiciones justas y humanas de vida para los pueblos.

En tal orden, progresivamente se forja en las Américas un verdadero modelo jurídico de seguridad colectiva de la democracia – primero de orden jurisdiccional y en adición de carácter político y diplomático, ajeno a la fuerza o, mejor aún, fundado en la fuerza del Derecho, garantista de los derechos de la persona humana – que encuentra sus manifestaciones más actuales en la Convención Americana de Derechos Humanos y en la Carta Democrática Interamericana (2001).

Aquélla, de modo preciso señala en su Preámbulo que los derechos humanos valen y tienen entidad más allá de los Estados parte y sus gobiernos y que su respeto y garantía sólo es posible dentro del cuadro de las instituciones democráticas.

Y en sus artículos 29.c y 32.2 dispone que los derechos humanos han de interpretarse – para determinar sus núcleos pétreos y posibles límites o deberes – a la luz de lo que es inherente a la forma democrática representativa de gobierno y conforme a las justas exigencias del bien común en una democracia.

De acuerdo a sus disposiciones convencionales y mediante el asentimiento soberano de los Estados parte en la Convención, éstos, al efecto, le confían a los órganos convencionales de interpretación y aplicación – la Comisión y la Corte Inter-americanas de Derechos Humanos – la competencia de velar, subsidiariamente, por el derecho a la democracia – léase, *in totus*, el derecho a los derechos humanos y sus garantías – una vez como es vulnerado por los propios órganos de los Estados o cuando éstos se muestran incapaces de proveer a su adecuada tutela, declarándolos al efecto internacionalmente responsables por hechos internacionalmente ilícitos.

La Carta Democrática Interamericana, adoptada como resolución y mediante consenso por los Estados miembros de la OEA, preterida por los gobiernos quienes ahora la incumplen o la desconocen, pero que la usan para sancionar a sus "enemigos ideológicos", es la obra de una larga madu-ración sobre los predicados de la misma democracia según el entendimiento que de ella tienen la doctrina política y judicial regional más autorizadas. Se trata, como lo precisan las reglas del Derecho y la jurisprudencia internacionales constantes[66], de un instrumento jurídicamente vinculante por ser interpre-tación auténtica sea de la Carta de la misma OEA o Pacto de Bogotá, sea de la citada Convención Americana.

---

[66] Véase, Asdrúbal Aguiar, *Digesto de la democracia* (Jurisprudencia de la Corte Interamericana de Derechos Humanos 1987-2014), Editorial Jurídica Venezolana, Caracas, 2014.

La Carta Democrática, no muy distante del ideal democrático que prende durante la empresa constitucional pionera y de emancipación americanas, mirándose en su precedente – la citada Declaración de Santiago – discierne entre la democracia de origen, atada a elementos esenciales, y la democracia de ejercicio, que predica la efectividad de su ejercicio y como derecho humano de las personas y los pueblos. Por lo demás, encomienda a los órganos políticos de la OEA: su Asamblea General, el Consejo Permanente, y/o el Secretario General, el despliegue de acciones de intensidad diversa y creciente – dentro de las que predominan las gestiones diplomáticas y los buenos oficios – hasta alcanzar sea el fortalecimiento y preservación de la democracia, sea su normalización institucional, o bien su restablecimiento en los Estados donde se haya visto vulnerada.

Es un dato de la realidad que, a lo largo de la última década del siglo pasado y las casi dos décadas del corriente, la democracia vive otra crisis profunda como lo he mencionado y parece reclamar de otras "normas institucionales y constitucionales" propias a la globalización[67], pero esta vez, según algunos, dentro de la misma democracia y, según otros, fuera de ella, manipulando sus formas o vaciándolas de contenido.

No por azar, el citado ex presidente de la Corte Interamericana de Derechos Humanos y jurista mexicano, Sergio García Ramírez, en sus aportes postreros a la doctrina del Alto Tribunal de las Américas previene sobre lo que observa preocupado y a la espera de que lleguen a consolidarse pronto los paradigmas constitucionales y democráticos del porvenir. Habla sobre las nuevas formas de autoritarismo presentes en la región y al efecto dice que "para favorecer sus excesos, las tiranías clásicas que abrumaron a

---

[67] Luigi Ferrajoli, *Razones jurídicas del pacifismo*, Madrid, Editorial Trotta, 2004, pp. 93-94; *idem, Principia iuris: Teoría del Derecho y de la democracia*, vol. 2: *Teoría de la democracia*, Editorial Trotta, 2011.

muchos países de nuestro hemisferio invocaron motivos de seguridad nacional, soberanía, paz pública. Con ese razonamiento escribieron su capítulo en la historia... Otras formas de autoritarismo, más de esta hora, invocan la seguridad pública, la lucha contra la delincuencia (o la pobreza, cabe añadirlo), para imponer restricciones a los derechos y justificar el menoscabo de la libertad. Con un discurso sesgado, atribuyen la inseguridad a las garantías constitucionales y, en suma, al propio Estado de Derecho, a la democracia y a la libertad" (Corte IDH, *Caso Escher y otros*, Sentencia de 6 de julio de 2009, Voto, párr. 13), concluye.

Pues bien, a partir de 2008 hasta el presente, en ejercicio de su control de convencionalidad y atendiendo a la democracia y sus instituciones, en casos emblemáticos – Corte IDH, *Anzualdo Castro* (Sentencia de 22 de septiembre de 2009), *Manuel Cepeda Vargas* (Sentencia de 26 de mayo de 2010), y *Gelman* (Sentencia de 24 de febrero de 2011) – el criterio de los jueces se expresa alrededor de los derechos propios al juego democrático que no pueden enervar los Estados parte ni sus correspondientes órganos de Justicia, citando al efecto que ante los derechos políticos, la libertad de expresión y el derecho de asociación, se "hace necesario analizarlos en su conjunto"; acerca del límite de las mayorías en la democracia arguye lo esencial, a saber que "la protección de los derechos humanos constituye un límite infranqueable a la regla de las mayorías, es decir, a la esfera de lo «susceptible de ser decidido» por parte de las mayorías en instancias democráticas"; sobre las nuevas formas de autoritarismo y el sobreviniente "derecho penal del enemigo", a lo ya dicho supra por el juez García Ramírez añade que el último – de espaldas a la democracia – se viene construyendo "para sancionar, con disposiciones especiales, a los adversarios"; y analizando el rol de la oposición democrática, precisa la Corte que sin ella "no es posible el logro de acuerdos que atiendan a las diferentes visiones que prevalecen en una sociedad" libre y por ende "debe ser garantizada por los Estados".

El principio democrático de la división de poderes, en lo particular el de la independencia de la judicatura, son abordados por la Corte a partir de 1997 a fin de situarles, al primero, como característica del Estado democrático, y al segundo, como uno de los objetivos de la referida separación o especialización en las funciones del Estado y como garantía que beneficia a la persona humana y sus derechos. Seguidamente, ajusta lo esencial en cuanto al último, a saber, que "el ejercicio autónomo [de los jueces, como parte del derecho al debido proceso] debe ser garantizado por el Estado, sea en su faceta institucional, esto es, en relación con el Poder Judicial como sistema, sea en conexión con su vertiente individual, cabe decir, con relación a la persona del juez", como lo prescribe en el *Caso Reverón Trujillo* (Corte IDH, Sentencia de 30 de junio de 2009, párr. 67).

Empero, nos interesa subrayar, más allá de lo indicado, que en paralelo a la conducta omisiva de los órganos políticos de la OEA y la prosternación que los gobiernos de los Estados parte en la Convención hacen de la Carta Democrática Interamericana – invocándola retóricamente y declarándola incluso ineficaz o acaso inútil arguyéndose casi siempre el principio de la No intervención – lo cierto es que, en sede jurisdiccional, a partir de los recientes *Casos de la Corte Suprema de Justicia y del Tribunal Constitucional vs. Ecuador* (Corte IDH, Sentencias de 23 de agosto de 2013 y 28 de agosto de 2013, respectivamente), avanza la Corte a profundidad sobre la cuestión democrática y su control de convencionalidad, apelando normativamente a la Carta mencionada.

Señala textualmente, ante "el cese masivo de jueces, particularmente de Altas Cortes" que "constituye no solo "un atentado contra la independencia judicial sino también contra el orden democrático", provocando su "desestabilización" (*Tribunal Constitucional*, cit., párrs. 170 y 178); a cuyo efecto, de modo innovador le da carácter operativo y vinculante a la

Carta Democrática. Entiende, por lo mismo, que ha lugar a una "violación multi frontal" de la Convención Americana, sea a las normas que consagran derechos, sea al contexto democrático que las encierra, tal y como lo precisa el voto concurrente del juez Eduardo Ferrer Mc-Gregor P. (Ídem, Voto, párr. 68).

La enseñanza no se hace esperar. Al tratarse del control de convencionalidad que ejercen los jueces nacionales, parece llegada la hora de que al balancear la aplicación de sus leyes y hacer valer los contenidos de la Convención Americana por virtud de la misma y en los supuestos en que proceda, asuman la obligación de invocar, interpretar y aplicar con criterio de progresividad las normas de la Carta Democrática, por fundada en el emergente derecho humano a la democracia; de proveer a su desarrollo doctrinario por vía del mismo diálogo jurisprudencial, y de constatar su eventual violación por los demás órganos del Estado sobre cuyos actos o comportamientos se pronuncien, a tenor de lo dispuesto en el literal d), artículo 29: "Ninguna disposición en la presente Convención puede ser interpretada en el sentido de: ... excluir o limitar el efecto que puedan producir... otros actos internacionales de la misma naturaleza [que la Declaración Americana de Derechos y Deberes del Hombre]. Es lo que cabe describir, apropiadamente, como el control de convencionalidad de la democracia.

No por azar, el antes citado juez afirma en el *Caso de Cabrera García y Montiel Flores* (cit., párr. 88), que: "En definitiva, la trascendencia de la nueva doctrina sobre el "control difuso de convencionalidad" es de tal magnitud, que probablemente en ella descanse el futuro del Sistema Interamericano de Protección de los Derechos Humanos y, a su vez, contribuirá al desarrollo constitucional y democrático de los Estados nacionales de la región. La construcción de un auténtico "diálogo jurisprudencial" – entre los jueces nacionales y los interamericanos –, seguramente se convertirá en el nuevo referente jurisdiccional para la efectividad de los derechos humanos en el siglo XXI. Ahí descansa el porvenir: en un punto de convergencia en materia de derechos humanos para establecer un auténtico *ius constitutionale commune* en las Américas".

b)   *Control democrático de convencionalidad*

En el mismo sentido, como reverso, sin incurrir en una perogrullada adquiere pertinencia institucional el control democrático de convencionalidad, sea por la Corte, sea por los jueces nacionales, como una suerte de mandato que se deriva de la misma Convención y, aquí sí, en forma directa.

La cuestión la plantea, por vez primera, el Juez De Rouaix Rengifo, en 1999, dentro del *Caso Castillo Petruzzi* (Corte IDH, Sentencia de 30 de mayo de 1999, Voto), al destacar que "el tema de la vinculación de la protección de los derechos humanos a un contexto político e institucional democrático tendría... que ser objeto de desarrollo jurisprudencial antes de que pudieran emitirse condenas específicas de violación de la Convención Americana".

Para ello se funda en las citadas previsiones convencionales que atan a toda la Convención desde su Preámbulo, fijan el marco para su interpretación, y marcan el contenido y límite de los derechos humanos reconocidos y mudados en deberes, remitiendo a las justas exigencias de la democracia.

A partir de allí, tema que apenas señalo de pasadas en estas páginas, he afirmado el carácter transversal del derecho humano a la democracia – identificado por la doctrina como parte de los que integran las nuevas generaciones de derechos – e integrador del plexo de todos los derechos que los Estados se obligan a respetar y garantizar convencionalmente a fin de asegurar el principio de la dignidad humana.

Textualmente, tanto en mi discurso de ingreso a la Academia de Buenos Aires en 2007[68] como en mi libro citado a pie de página sobre *El derecho a la democracia* (2008), afirmo que "la democracia, desde su dimensión normativa internacional tamiza – como hermenéutica – las competencias constitucionales y organizativas de los Estados y de sus gobiernos. Empero, más allá de expresarse como modelo formal del gobierno representativo, según la Carta Democrática Interamericana y las líneas jurisprudenciales de la Corte Interamericana, es ahora y en lo adelante, conceptualmente, un verdadero derecho humano transversal: derecho humano de base que determina el contexto en defecto del cual los mismos derechos humanos carecen de sentido o lo pierden [o ven vaciados sus núcleos pétreos]; y ajusta determinándolo, por ende, el sentido último de la organización constitucional y del funcionamiento mismo de la democracia como garantías de éstos".

Este asunto o cuestión que hoy interpela, a modo de conclusión, no es sólo el deber que invoca De Rouaix por parte de quienes tienen la obligación de realizar el control de convencionalidad, sea en el ámbito interamericano, sea en el doméstico, sino la significación que tiene dicho ejercicio de constatación fáctica y hermenéutica por sus consecuencias directas, según lo dicho. Ello es así tanto para el desarrollo de una doctrina más actual sobre la cuestión de la tríada Democracia/Estado de Derecho/ Derechos Humanos, como en el ámbito específico de la responsabilidad de los Estados y la comunidad internacional en su conjunto.

---

[68] Asdrúbal Aguiar, *El derecho a la democracia en la jurisprudencia interamericana*. Buenos Aires, Academia Nacional de Derecho y Ciencias Sociales de Buenos Aires, La Ley, 2007 (Luego inserto en los Anales, Año LI, Segunda Época, Número 44, 2006); *ídem, El derecho a la democracia*, Caracas, Editorial Jurídica Venezolana, 2008.

Como lo sabemos, el artículo 63 de la Convención dispone que: "Cuando decida que hubo violación de un derecho o libertad protegidos en esta Convención, la Corte – léase también el juez nacional – dispondrá que se garantice al lesionado en el goce de su derecho o libertad conculcados". En la práctica demanda esto no sólo la restitución formal del derecho enervado por parte del Estado concernido, sino, a la luz de la reflexión anterior, la creación por éste y como exigencia de la comunidad internacional de un contexto democrático e institucional apropiado que haga posible tal restitución por ser el reflejo de la dignidad humana vulnerada.

Además, como la norma convencional mencionada, de seguidas prevé que ha de disponerse "asimismo, si ello fuera procedente, que se reparen las consecuencias de la medida o situación que ha configurado la vulneración de esos derechos y el pago de una justa indemnización a la parte lesionada", viene de suyo que tales consecuencias e indemnizaciones pueden agravarse si las violaciones constatadas son la obra de los comportamientos claramente antidemocráticos del Estado parte, entre otros, a manera de ejemplo, de violaciones sistemáticas o generalizadas de derechos humanos como política oficial. Lo que de suyo no significa, en modo alguno que constatada la aparente solidez democrática de un Estado pueda colegirse que, por lo mismo y sin más se le ha de presumir como que respeta y garantiza los derechos humanos.

La Corte Interamericana aclara, por ende, que tales parámetros – democracia, derechos humanos, estado de derecho – se retroalimentan, incluso como límites al poder de las mayorías en la democracia:

"La sola existencia de un régimen democrático no garantiza, *per se*, el permanente respeto del Derecho Internacional, incluyendo al Derecho Internacional de los Derechos Humanos, lo cual ha sido así considerado incluso por la propia Carta Democrática Interamericana. La legitimación democrática de determinados hechos o actos en una sociedad está limitada por las normas y obligaciones internacionales de protección de los derechos humanos reconocidos en tratados como la Convención Americana, de modo que la existencia de un verdadero régimen democrático está determinada por sus características tanto formales como sustanciales, por lo que, particularmente en casos de graves violaciones a las normas del Derecho Internacional de los Derechos, la protección de los derechos humanos constituye un límite infranqueable a la regla de mayorías, es decir, a la esfera de lo "susceptible de ser decidido" por parte de las mayorías en instancias democráticas, en las cuales también debe primar un "control de convencionalidad" [...], que es función y tarea de cualquier autoridad pública y no sólo del Poder Judicial. En este sentido, la Suprema Corte de Justicia ha ejercido, en el *Caso Nibia Sabalsagaray Curutchet*, un adecuado control de convencionalidad respecto de la Ley de Caducidad, al establecer, inter alia, que "el límite de la decisión de la mayoría reside, esencialmente, en dos cosas: la tutela de los derechos fundamentales (los primeros, entre todos, son el derecho a la vida y a la libertad personal, y no hay voluntad de la mayoría, ni interés general ni bien común o público en aras de los cuales puedan ser sacrificados) y la sujeción de los poderes públicos a la ley"[...] " (*Caso Gelman*, cit., párr. 239)

Concluyo este apartado, entonces, haciendo presente una consideración de Whitehead que comparto a cabalidad y sirve para el ejercicio del control judicial en materia de derechos humanos:

"La democratización debe entenderse como un proceso de final abierto. La democracia es «esencialmente discutible» no sólo porque nuestros valores puedan diferir, o porque nuestros conceptos políticos puedan carecer de validación lógica o empírica final, sino también porque nuestra cognición política es en sí misma crítica y reflexiva".[69]

García Ramírez nos recuerda, en suma, que "conviene redefinir el quehacer de los Estados en esta hora, que es tiempo de tensiones; redefinir para progresar, no para regresar. Cabría reflexionar sobre su estrategia en el proceso, si se conviene en que el gran propósito del Estado democrático es la protección de los derechos humanos" (Corte IDH, *Opinión Consultiva OC-20/2009*, Voto, párr. 74), finaliza.

TEORÍA DE LA COHERENCIA FUNCIONAL

Si damos cuenta de la actual estructura funcional del sistema internacional en el ámbito de los derechos humanos, la Convención Americana – de la misma forma en que se lo plantea el Estatuto de Roma de la Corte Penal Internacional – apela al criterio de la subsidiariedad de la jurisdicción internacional de derechos humanos con relación a los ordenamientos nacionales; de donde la retroalimentación en doble vía que sugiere el diálogo jurisprudencial entre jurisdicciones tiene un límite, a saber, el adecuado cumplimiento o no por el Estado parte de sus obligaciones convencionales y su valoración a la luz del principio *pro homine et libertatis*.

Cabe observar, a todo evento, que al afirmarse la primacía de los tratados de derechos humanos o al hablarse, mejor aún, de "la intersección del derecho nacional y el derecho internacional de los derechos humanos" y de "una articulación de tal binomio de fuentes mediante su retroalimentación y

---

[69] Laurence Whitehead, *Democratización, teoría y experiencia*, FCE, México, 2011, p. 35, apud. Aguiar, *Calidad de la democracia ...*, *op. cit.*, p. 220.

complementariedad", una lectura apresurada de esos términos, así como los refiere Víctor Bazán[70], podría sugerir equivocadamente una suerte de resurrección, para los fines del diálogo jurisprudencial en cuestión, de las viejas tesis dualistas que demandan la coordinación o concertación entre ambas esferas del Derecho a objeto de hacerlas eficaces y haciendo privar a todo evento la actividad jurídica nacional, como punto de anclaje y de devolución del Derecho internacional.

Y si nos seguimos por lo que también plantea la Corte Interamericana al referirse al diálogo jurisprudencial, en cuanto al deber por parte del juez nacional de realizar los términos de la Convención a la luz del citado "corpus iuris" y de las interpretaciones auténticas que hace la primera – como lo confirma ella en el *Caso Almonacid Arellano* (cit. supra) – puede reducirse el planteamiento a la mera reafirmación de la tesis monista con primacía del Derecho internacional sobre el Derecho interno de los Estados[71], tal y como lo confirma la misma Corte: "La afirmación anterior no implica que los sistemas de enjuiciamiento penal por jurados queden al arbitrio del diseño estatal o que la legislación interna tenga preeminencia sobre los requerimientos convencionales, sino que el diseño de los ordenamientos procesales debe responder a los postulados de garantía que exige la Convención Americana" (Corte IDH. *Caso V.R.P., V.P.C. y otros Vs.*

---

70   Víctor Bazán y Claudio Nash (Editores), *Justicia constitucional y derechos fundamentales: El control de convencionalidad*, KAS/Universidad de Chile, Santiago de Chile, 2011, p. 19.

71   "El poder judicial debe ejercer una especie de «control de convencionalidad» entre las normas jurídicas internas que aplican en los casos concretos y la Convención Americana sobre Derechos Humanos. En esta tarea, el Poder Judicial debe tener en cuenta no solamente el tratado, sino también la interpretación que del mismo ha hecho la Corte Interamericana, intérprete última de la Convención Americana", reza el fallo citado (Parr.124).

Nicaragua. Excepciones Preliminares, Fondo, Reparaciones y Costas, Sentencia de 8 de marzo de 2018, párr. 225); lo que al cabo también desfigura el sentido funcional y teleológico del citado diálogo jurisprudencial con vistas a lo esencial: ganar la batalla de los derechos humanos – como lo plantea García Ramírez – "en el ámbito interno, del que es coadyuvante o complemento, no sustituto, el internacional".[72]

Incluso podría pensarse, a la luz del señalado diálogo y el planteamiento anterior de la complementariedad del sistema interamericano, que asimismo – su postulación genérica – puede entenderse como la postergación de la fuerza del monismo con primacía del Derecho internacional, esbozado por Hans Kelsen para dar cuenta del orden público internacional mínimo que ata las competencias de los Estados y les exige, junto a otros deberes u obligaciones de *ius cogens*, el respeto y la garantía universal de los derechos de la persona humana en el plano de su jurisdicción interna; lo que le resta sentido o utilidad al diálogo jurisprudencial comentado.

No se olvide que la Cámara de Primera Instancia del Tribunal Penal Internacional para la ex Yugoslavia, en decisión de 2 de octubre de 1995, en el *Affaire Tadic* declara que: "*Ce serait une parodie du droit et une trahison du besoin universel de justice que le concept de souveraineté de l'Etat puisse être soulevé avec succès à l'encontre des droits de l'homme* [par. 58]".[73]

En consecuencia, cabe tener muy presente que la tesis dualista supuso en su momento, la ausencia de posibles conflictos entre el Derecho internacional y el Derecho interno,

---

[72] Corte IDH, *Caso Trabajadores cesados del Congreso*, Sentencia de 24 de noviembre de 2006, Voto, párr. 11,

[73] Asdrúbal Aguiar, *Código de derecho internacional*, UCAB, Caracas, 2009, p. 382.

debido a tener ambos ordenamientos objetos distintos, y dado que la misma, una vez transformada la norma internacional en interna se integra jerárquica y ordenadamente dentro de la pirámide normativa nacional. Por consiguiente, las normas internas no pueden ser para las normas internacionales otra cosa que simples hechos y viceversa.

La evolución de la comunidad internacional actual marca, antes bien, una tendencia irrefrenable hacia el solapamiento de ambas realidades: la interna y la internacional, confundiéndose sus espacios sin perjuicio del criterio – todavía en vigor, pero relativo – que predica el carácter meramente fáctico acusado por el Derecho interno en su evaluación desde el ángulo del Derecho internacional (*Caso de los Intereses alemanes en la Alta Silesia-Polonesa*, CPJI,1926), según lo dicho.

La Corte Interamericana de Derechos Humanos ha dicho, es verdad, que las circunstancias del Derecho interno representan para el Derecho internacional de los Derechos Humanos meros hechos o supuestos fácticos, sujetos a su ponderación o significación jurídica por la norma internacional correspondiente (Corte IDH, *Opinión Consultiva OC-13*, párr. 34). En extremos opuestos, ora reenvía no pocas veces al propio Derecho interno del Estado para alcanzar la efectividad de sus mandatos judiciales interamericanos (Corte IDH, *Caso El Caracazo*, Reparaciones, Sentencia de 29 de agosto de 2002, párr. 143,1), ora, excepcionalmente, se ha atrevido a pronunciarse sobre la nulidad de actos del Derecho interno (Corte IDH, *Caso Castillo Petruzzi*, Sentencia de 30 de mayo de 1999, párr. 226,13).

El monismo, por su lado, sostiene la imposibilidad de tal controversia intra normativa al suponer la ya mencionada unidad de todo el sistema jurídico: interno e internacional y la fácil resolución de sus eventuales disparidades por medio de la jerarquización de las normas en orden a sus mayores o menores proximidades a la norma fundamental, hipotética o de base.

De allí que, en su versión monista, con primacía del Derecho internacional, al Derecho internacional se le considera haciendo parte, sin más, del Derecho interno del Estado.

La realidad constitucional comparada demuestra, a su vez, que si bien la tendencia doctrinal y la práctica contemporánea dominantes son contestes y predican el indicado principio de primacía del Derecho internacional, no por ello los Estados han dejado de condicionar la efectividad de sus relaciones jurídicas dentro de la comunidad internacional a ciertas exigencias que han impuesto, en suma, una relación "funcional" y coherente (principio de la coherencia funcional) entre ambos ordenamientos, que hace lugar a distintas soluciones o alternativas.

No se olvide, en este orden, lo que *mutatis mutandi* precisa Nguyen Quoc Dinh en su obra revisada (*Droit international public*, Paris, LGDJ, 1999): La primacía del Derecho internacional sobre el Derecho interno, salvo excepciones (propias del Derecho comunitario y próximas al Derecho internacional de los derechos humanos en su progresividad) no ha llegado hasta el punto en que el primero pueda declarar la nulidad de las normas nacionales de los Estados que le contradigan: sólo se contenta, por ahora, con reclamar del Estado cuyo ordenamiento interno no haya sido objeto de adaptación al Derecho internacional o cuando sus órganos no aplican o desaplican la normativa internacional que les obliga, su responsabilidad por hecho internacionalmente ilícito; exigiéndole, en consecuencia, reparar los daños causados por la acción u omisión que le sea imputable desde el punto de vista internacional.

Por consiguiente, cuando el Estado aplica dentro de su jurisdicción su propio Derecho en defecto y en contraposición del Derecho internacional, quizás y según lo que disponga su Constitución procede legalmente a la luz de la perspectiva jurídica interna, en tanto que, desde la perspectiva internacional no procedería ilegalmente sino ilícitamente; dado que la normatividad interna, según lo apuntado, tiene para el Derecho internacional la condición de simple hecho y sólo eso.

La enseñanza, en conclusión, otra vez no se hace esperar:

Así como la tesis dualista y monista fueron el producto necesario de una conciliación histórica y son propias a su tiempo, e igualmente, tanto como la tesis pragmática o ecléctica advierte la necesidad de promover la primacía del Derecho internacional asegurándole a los Estados un espacio de maniobra y reclamando de éstos, en contraprestación, coherencia en la actividad jurídica y en sus comportamientos, no parece exagerado postular la insuficiencia de tales tesis para la adecuada comprensión de la realidad internacional hoy en curso (*Globalización sin gobernabilidad vs. Ingobernabilidad y crisis del Estado-Nación*) y para la fidelidad de las descripciones normativas que le tengan por objeto.

De allí que, dejando atrás el clásico debate sobre las relaciones entre el Derecho internacional y el Derecho interno de los Estados, en mi *Código de Derecho Internacional* (Caracas, UCAB, 2ª. Edición, 2009) propongo, siguiendo la inspiración del internacionalista hispano González Campos – relativa a la denominada coherencia extrínseca "entre el mismo orden internacional y los distintos derechos internos de los Estados"[74] – y como interpretación y actualización de las relaciones entre ambos ordenamientos en el ámbito de los derechos humanos, un planteamiento que mejor se adecúa a los dictados de la Convención Americana.

Su preámbulo precisa – lo hecho dicha supra – que es su propósito "consolidar... dentro del cuadro de las instituciones democráticas, un régimen de libertad personal y de justicia

---

[74] Ídem, p. 144.

social, fundado en el respeto de los derechos esenciales del hombre". Y su artículo 29, en sus ordinales b) y c) prescribe una expansión de tales derechos, en doble vía, en el plano internacional, acudiendo al principio de los llamados "derechos inherentes al ser humano o que se deriven de la forma democrática representativa de gobierno", y en el plano del Derecho interno – con fuerza convencional – "cualquier derecho o libertad que pueda estar reconocido de acuerdo con las leyes" u otros tratados de los que es parte el Estado concernido.

Más allá del Estado y de su acusado avance hacia una "desestructuración" y sean cuales fueren las falencias de la emergente tendencia hacia lo mundial global, lo constante ahora como antes sigue siendo la presencia del hombre como fin y sujeto del orden, el reclamo del respeto a su dignidad como tal, y la diversificación racional de las formas sociales subsidiarias que este crea y recrea como Ser uno y único, para su encuentro con los otros en el ámbito de las carencias y su final fusión en la idea del género humano o la Humanidad.

Traducido o descrito este paradigma en términos normativos, significa no otra cosa que la cristalización del principio ordenador *pro homine et libertatis* ya mencionado. De modo que, sometidas a tensión las relaciones entre el Derecho internacional y el Derecho interno del Estado a un proceso de reconstrucción por obra del tiempo nuevo, la coherencia funcional como principio habría de significar, cuando menos y en un primer trazado, el reconocimiento de ciertos datos objetivos:

1) La norma internacional nace de un acto concursal de voluntades soberanas, tanto como la norma nacional deriva de un acto de soberanía; de donde, siendo el Estado autor y descriptor de ambos repartos de conducta, su comportamiento ha de ser congruente en una y otra esfera de la actividad normativa.

189

2)   La insuficiencia institucional del orden internacional contemporáneo impone su desdoblamiento funcional a manos del Estado, vale decir, el reenvío necesario de las normas de aquel hacia las normas del Derecho interno para que las primeras puedan realizarse cabalmente.

3)   Dado el papel funcional y estratégico del orden del Estado para los fines internacionales, el orden internacional ha de operar con relación al mismo según el criterio de la subsidiariedad, y cuando se le sobrepone por razones atinentes al orden público internacional debe preservarlo de los riesgos de su vaciamiento.

4)   La validez e imperio del orden público internacional reclama de su delimitación estricta y de su realización por el Estado conforme a los medios de que éste dispone.

5)   El Estado, en su labor exegética y operacional para la integración, relación, coordinación o sincronía entre las normas internacionales e internas ha de guiarse por la regla de la buena fe (*pacta sunt servanda*), mediante un traslado de conceptos desde el orden internacional hacia el orden interno en el que medie la sana crítica con vistas al objeto cierto de las normas relacionadas (*Effet utile*).

6)   En todo caso, ante situaciones de duda provocadas por la relación necesaria entre las normas internacionales y los predicados del Derecho interno, como de la eventual oposición – tratándose de la protección y garantía supranacional de los derechos humanos – entre derechos que merecen igual tuición, de manera razonada el juez nacional ha de apelar al método del *balancing test*: optando por la solución que menos afecte el núcleo pétreo de ambos derechos en oposición aparente, en hipótesis concretas, atendiendo a la justas exigencias del bien común en una sociedad democrática, y con vistas, por encima de todo, al principio ordenador *pro homine et libertatis*.

VII

LUCHA POR LA DEMOCRACIA Y CONTRA LA CORRUPCIÓN

DESAFÍOS DE LA SOCIEDAD CIVIL[75]

A lo largo de la centuria y media que nutre la experiencia de la república democrática en las Américas, sus teóricos, incluidos nuestros padres fundadores y quienes escriben las distintas declaraciones que al respecto produce el llamado Sistema Interamericano, y los actores políticos que a diario bregan en los espacios públicos desde los partidos o la sociedad civil, se imponen la tarea de forjar la democracia allí donde no existe; de fortalecerla donde logra instalarse; y de defenderla donde alcanza su consolidación y madurez. En una mirada retrospectiva podría decirse que tal empeño, desde nuestras auroras constitucionales, por implicar procesos de final abierto, es el vivo reflejo del Mito de Sísifo.

A la caída del Muro de Berlín, en los países en los que cede la experiencia del socialismo real, más allá de nuestros predios se habla de tránsito hacia la democracia. Hasta surge la ciencia de la "transitología", encargada de estudiar las rela-

---

[75] Miami Dade College, 11 de abril de 2017.

ciones o sincronías que deben darse entre las sociedades civiles de la Europa oriental y sus mayores o menores predisposiciones a la democratización. La literatura es muy amplia en la materia.

En nuestro caso, el de América Latina, desde entonces la prédica se empeña, antes bien, en demostrar y hasta probar como realidad colectiva el desencanto democrático; tanto que, en la lucha por el poder, así como los partidos políticos se homogenizan y hasta pierden sus identidades ideológicas para volverse meras maquinarias electorales, a nuestras sociedades se las gana la enfermedad de lo antipolítico; importándoles poco el sacrificio de los sacramentos de la democracia en tanto y en cuanto ello signifique, como contrapartida, la satisfacción de necesidades o expectativas exponenciales, hijas de la misma globalización y su virtualidad, y hasta la administración de tales cometidos por traficantes de ilusiones o gendarmes de nuevo cuño.

ENTRE LA CRISIS Y EL DESENCANTO DEMOCRÁTICO

A propósito del argumento que nos ocupa y que justifica mi presencia ante Ustedes, debo decirles que en el juego por la defensa de la democracia, cuyos estándares vemos relajados cada día sin que ello concite mayor escándalo en las mayorías, considero que, más allá del accionar que sigue en pie para el sostenimiento de la misma libertad, de la vigencia del estado de Derecho, y de la garantía de los derechos fundamentales de la persona humana, el verdadero desafío es el de la reinvención de la democracia; como si se tratase de algo novedoso para las generaciones del presente y con vistas al porvenir.

Se trata de una propuesta o acaso una apuesta o, mejor de un planteamiento que, de entrada, no descarta sino que pone sobre la mesa de la crítica abierta el dogma de las formas y contenidos de la democracia tal y como los heredamos en la modernidad y su consistencia con las realidades distintas que muestra el siglo en curso y son propias a lo inevitable, la globalización; sin obviar para ello, debo aclararlo, que la democracia tiene un pie o anclaje principista genético en la Grecia de Pericles:

"El nombre del régimen es democracia, porque no depende de pocos, sino de un número mayor; todos gozan de igualdad de derechos, pero la ciudad no es ciega al mérito, y honra con oficios públicos a quien se distingue para poseerlos; ni la pobreza ni la falta de nombre son obstáculo para ello; existe una amplia tolerancia, tanto en los negocios públicos, como en la vida privada; cada quien puede obrar a su gusto, sin que incurra en reproches, pero se observa un respeto hacia los magistrados y las leyes, sobre todo las legisladas en beneficio de los que padecen injusticia y las no escritas, sancionadas por la vergüenza de quienes las infringen".

Así se lee en la oración fúnebre que recoge Tucídides en su Historia de la Guerra del Peloponeso, a cuyo efecto Licurgo, gobernante griego, propone un entramado orgánico, léase una constitución mezclada que permita los equilibrios y balances, que facilite la participación social y atenúe las desviaciones o corruptelas de la democracia que llevan por nombres despotismo, oligarquía, violencia.

Si estrechamos el tiempo de la historia y nos situamos en la segunda mitad del siglo XX, podemos constatar que, entre nosotros, tales predicados encuentran su especificidad, en el momento mismo en que se inicia el desplazamiento de nuestras dictaduras clásicas rurales o de extracción militar y se le abre espacio a la elección de nuestros gobernantes en comicios universales y de voto secreto y directo. La Declaración de Santiago de Chile de 1959, predecesora de la actual Carta Democrática Interamericana de 2001 y que nace, aquélla, de la primera protesta contra la Cuba de Castro propiciada por los gobiernos de Panamá, Nicaragua y República Dominicana, cuando a la sazón es creada la Comisión Interamericana de Derechos Humanos, dispone en ese entonces los estándares o principios de toda democracia:

1. El imperio de la ley, la separación de poderes públicos, y el control jurisdiccional de la legalidad de los actos de gobierno.

2. Gobiernos surgidos de elecciones libres.

3. Proscripción de la perpetuación en el poder o de su ejercicio sin plazo.

4. Régimen de libertad individual y de justicia social fundado en el respeto a los derechos humanos.

5. Protección judicial efectiva de los derechos humanos.

6. Prohibición de la proscripción política sistemática.

7. Libertad de prensa, radio y televisión, y de información y expresión.

8. Desarrollo económico y condiciones justas y humanas de vida para el pueblo.

En el curso de los años transcurridos hasta el presente desde inicios del siglo, para navegar sin ataduras bibliográficas o intelectuales mayores, vale decir y avanzando con total libertad en medio del mar proceloso de los reduccionismos políticos o de las emergencias sociales que hacen presa del mundo Occidental – no solo de América Latina o Hispanoamérica – he hecho propio el planteamiento crucial que se hace el filósofo florentino Luigi Ferrajoli, discípulo de Norberto Bobbio, y que les leo de manera integral pues se refiere a la democracia en la época actual, ya dominada por la globalización:

"De aquí se ha seguido una progresiva pérdida de relieve de los Estados, que se han revelado demasiado grandes para las cosas pequeñas y demasiado pequeños para las cosas grandes. Hecha excepción de algunas pocas potencias, el

Estado nacional está perdiendo su autosuficiencia y exclusividad normativa en el plano jurídico, su soberanía en el plano político, su centralidad en lo económico. La crisis está determinada por la revolución en curso de las comunicaciones, la economía, la política y el derecho, un fenómeno que ha derribado las viejas fronteras estatales en todas estas dimensiones de la vida social, generando problemas dramáticos, ahora ya de forma irreversible supraestatales… [como el terrorismo, el narcotráfico, el hambre, las enfermedades, las perturbaciones ecológicas planetarias]. Se trata de problemas en gran parte irresueltos, a los que sólo puede hacerse frente mediante un cambio de paradigma del derecho como técnica de limitación de poderes y de garantía de la paz y de los derechos humanos".

Ferrajoli tiene presente los flujos y reflujos de nuestra historia. Recuerda el nacimiento de los Estados nacionales; luego la refundación de éstos bajo el paradigma de la democracia constitucional; seguidamente la universalización de un orden público internacional mínimo bajo Naciones Unidas, que afirma como freno de las soberanías el mantenimiento de la paz, la solución pacífica de las controversias, y el respeto universal de los derechos humanos.

El caso es que, por una parte, el propio Ferrajoli constata lo objetivo, a saber, la fragilidad sobrevenida de nuestras organizaciones políticas y jurídicas nacionales, apenas útiles – y no siempre – para las cosas menudas de la cotidianidad y la pérdida de soporte de un orden internacional de Estados que, dicho coloquialmente, ha transformado a las organizaciones multilaterales – léase la OEA, la ONU, las Comisiones de Derechos Humanos – en cajas vacías. Tanto que, sea en lo externo o sea en lo doméstico, un lúcido escritor de las nuevas generaciones, politólogo y filósofo mexicano, César Cancino, nos habla de la muerte de la política o de la ciencia política; luego de diagnosticar lo que ocurre realmente con la democracia, sus instituciones y las esferas de la política en los dos últimos decenios: El cambio profundo en la estructura de nuestras sociedades, que se hacen líquidas, desbordan sus territorialidades y hasta despachan al baúl de los recuerdos a las organizaciones preeminentes de la participación política, como los partidos; el cambio del hombre y también del hombre político, que atiende no a sus necesidades, las propias o de los otros, sino a sus posibilidades virtuales, no reales, en las que priva la idea de "salir del paso" y el dominio del narcisismo; en fin, la desideologización partidaria señalada, la membrecía política "inmaterial" o de circunstancia, fluida, el privilegio y la inflación como práctica del voto para ganar puestos y el incremento de su costo de mercado como el debilitamiento de su finalidad democrática: es ahora un medio de acceso social y no una alternativa para satisfacer necesidades en común.

Es explicable, entonces, que en medio de los trastornos y vacíos colectivos e individuales – por incomprensión o por ausencia de una cosmovisión distinta – que causa nuestro inevitable pasaje desde realidades económicas, sociales y políticas caracterizadas por el dominio de lo espacial, de los territorios con sus fronteras humanas y seguridades oficiales, hacia la preeminencia del tiempo y su velocidad de vértigo, que empuja y también expulsa de su curso a las almas desprevenidas; es explicable, repito, que la circunstancia y hasta tanto se aclara el panorama del cambio que a todos nos empuja, aparezcan los traficantes de ilusiones. ¡Y es que como lo advierte bien el psiquiatra escocés Ronald Laing, fallecido en 1989, "vivimos en un momento de la historia en donde el cambio es tan acelerado que logramos ver el presente cuando este comienza a desaparecer"! Rupert Murdoch lo describe mejor, señalando que "el grande ya no vence al pequeño, será el rápido venciendo al lento".

En síntesis, hasta hoy hemos conocido a la democracia como una forma de organización del poder espacial y de realización de sus finalidades dentro del espacio territorial del Estado y teniendo a éste como molde dentro del que adquiere contextura o se expresa, sea como su premisa o como su consecuencia, la sociedad civil. Pero ese Estado, con forma de república democrática territorial, y las armazones sociales que lo originan o son el producto de su experiencia, cabe repetirlo, ha llegado a su final. Han muerto el Estado y sus sociedades civiles han perdido sus texturas. Así lo refiero en uno de mis últimos libros – *La democracia del siglo XXI y el final de los Estados* – para señalar que, en su defecto, sobre nuestros viejos territorios, ahora quedan legiones de ex ciudadanos indignados, huérfanos de identidad; todos a uno son sirvientes de la tecnología digital globalizadora; todos a uno, dictadores a su modo y sin cultura de la tolerancia, excluyen de sus redes y bloquean a quienes consideran diferentes o sienten molestos a sus ideas; unos se desplazan sobre las autopistas de la información con espíritu deególatras y logofóbicos; otros se repliegan hacia sus patrias de campanario, casi que vuelven al estado de naturaleza – que es negación de la sociedad civil – para encontrar allí raíces donde ya no se las ofrece más el Estado como cárcel de ciudadanos, o el partido, o el sindicato, o la asociación empresarial. Se dicen, con legitimidad, parte de grupos o nichos originarios, de afrodescendientes, de defensores del ambiente o ecologistas, de militantes de las más variadas ONG's, de participantes de movimientos neoreligiosos o comunitarios, de feministas o LBGT, proabortistas; pero todos a uno, sin hilos de Ariadna que les otorgue direccionalidad política hacia una causa de bien común y reclamantes del "derecho a ser diferentes", en otras palabras, de negarse a la "otredad".

En presencia de los ex Jefes de Estado y de Gobierno integrantes de la Iniciativa Democrática de España y las Américas, en el pasado mes de octubre, decía que mirando lo inmediato, cosa inevitable para todos nosotros que somos presas de la cotidianidad, de nuestras angustias vitales, de nuestras orfandades morales, de nuestras soledades afectivas o necesidades materiales y hasta de protección de la vida, llega otra paradoja, el comentario sobrio y de peso descriptivo que, a propósito de una sentencia de la Corte Interamericana de Derechos Humanos, hace mi entrañable amigo, el juez Sergio García Ramírez.

"Para favorecer sus excesos, las tiranías "clásicas" que abrumaron a muchos países de nuestro hemisferio, invocaron motivos de seguridad nacional, soberanía, paz pública. Con ese razonamiento escribieron su capítulo en la historia. En aquellas invocaciones había un manifiesto componente ideológico; atrás operaban intereses poderosos. Otras formas de autoritarismo, más de esta hora, invocan la seguridad pública, la lucha contra la delincuencia, para imponer restricciones a los derechos y justificar el menoscabo de la libertad. Con un discurso sesgado, atribuyen la inseguridad a las garantías constitucionales y, en suma, al propio Estado de Derecho, a la democracia y a la libertad".

Lo cierto es que surgen en la región, no sólo aquí o en otros de nuestros países, populismos electivos disolventes de toda forma de agregación social o institucionalidad política; que se afincan sobre las redes sociales y la propaganda de masas a fin de sujetarlas como audiencias embobadas en un teatro de prestidigitadores que simula realidades; que usan a la democracia para vaciarla de contenido, y que mudan de gobernantes en editores diarios de la opinión de la prensa para censurar a la misma opinión adversa y acallarla.

Tal fenómeno, en su novedad aparente y por ser reedición de prácticas totalitarias históricamente conocidas, puede ser, de suyo y en un ángulo distinto como trato de decirlo y de decírselos, un ariete o desafío para la renovación necesaria que demandan la propia democracia, el Estado de Derecho, la protección de los derechos humanos, con vistas a las coordenadas distintas e inéditas del siglo XXI.

No es del caso, pues, que, ante estas consideraciones, despache mi explicación o discurso, enumerando los desafíos que hoy tiene la sociedad civil para defender la democracia y conjurar el morbo de la corrupción. Ya que, ante lo evidente, vuelto a repetirlo, prefiero marcar distancia como lo recomienda Ortega y Gasset e ir al fondo de las cosas: "La misión de los árboles patentes – dice Ortega – es hacer latente el resto de ellos, y sólo cuando nos damos perfecta cuenta de que el paisaje visible está ocultando otros paisajes invisibles nos sentimos dentro de un bosque". Y de eso se trata. Se de mirar el bosque más allá de las turbulencias que vive la democracia o de su prostitución actual a manos de los gobernantes que se dicen alineados en América Latina con el socialismo del siglo XXI; que sólo es un parque jurásico disimulado tras el andamiaje digital que le permite la globalización de las comunicaciones.

¿El desafío actual de la democracia – cabe nos los preguntemos nosotros – es acaso distinto del que la anima en el curso de su experiencia? ¿Cómo producir cambios sin violencia, aferrados a una cultura de paz; qué acciones cabe realizar como representativas de las aspiraciones del pueblo; cómo controlar los abusos de quienes detentan el poder o se les puede capacitar para que produzcan las acciones del cambio necesario sin violencia; cómo puede tener voz ese *demos* para legitimar acciones y a sus realizadores, o a través de qué proceso esa misma voz – la del pueblo – se organiza, debate correctamente, lo hace cabalmente informado, y logra conclusiones claras, constructivas y durables?

Son asuntos, todos éstos, de importante consideración, a la luz, repito, del cambio de paradigma de civilización que nos tiene como testigos. Pero lo primero es lo primero, es decir, comprender cabalmente la naturaleza del cambio, de la ruptura epistemológica que lanza al desván de la historia todas nuestras concepciones o aprendizajes sobre la democracia, el Estado de derecho, los derechos humanos y la misma sociedad civil.

No pocas veces mis compatriotas, los venezolanos, me preguntan y se preguntan, porqué, habiendo violado los gobiernos de Hugo Chávez y de Nicolás Maduro casi todos los artículos de la Constitución y todos los artículos de la Carta Democrática Interamericana, provocando mutaciones constitucionales al margen de la misma Constitución; a pesar de haber hecho saltar la violencia criminal desde 4.500 homicidios al año en 1999 hasta 29.000 homicidios de promedio anual en 2016; siendo manifiesta la colusión del Estado con la criminalidad internacional del narcotráfico y el terrorismo; encontrándose bajo la línea de la pobreza el 80% de la población y su casi totalidad víctima actual de una hambruna y la falta de medicinas básicas; teniendo tras las rejas a 111 presos políticos; habiendo saltado la inflación al 700% y encontrándose quebrada la industria petrolera; lo que es peor, habiendo ganado la oposición democrática, mediante el voto y por las razones señaladas, la mayoría calificada de la Asamblea Nacional, todavía hoy el régimen instalado en Venezuela se mantiene en pie, sus pares en el hemisferio sienten rubor para calificarlo como dictatorial y despótico, y si el gobierno, en efecto, no logra cambiar tampoco éste alcanza a doblegar la fuerza opositora incluso manteniéndola sometida a una implacable persecución. Ambas fuerzas, la antidemocrática y la democrática se encuentran recíprocamente neutralizadas. ¿Porqué? Por lo señalado, sencillamente. El Estado y sus correas de transmisión se han hecho hilachas, pero la sociedad civil es, asimismo, una colcha de retazos. La anomia, en suma, equivale a la parálisis. De allí mi planteamiento, reinventar, reconstruir, restablecer la textura social y avanzar hacia un proceso de democratización de final abierto.

No obstante, mirar hacia las fuentes que aseguren otra vez la identidad de las sociedades contemporáneas en su corriente liquidez; que atiendan a las exigencias del inmediato presente – que interpela con demandas acuciantes y desbordantes de la capacidad de respuesta por las instituciones conocidas y propias del siglo XX – y que no subestimen las cosas nuevas que plantea el porvenir, es obligante, cuando menos metodológicamente y a fin de no construir o reconstruir sobre el vacío.

"No se trata tanto de una cuestión de forma, como de una cuestión de fondo", que apunta probablemente hacia la reinvención de la democracia, vuelvo a insistir en ello; democracia que deja de ser simple método o procedimiento para la organización del poder y se transforma en comportamiento de vida, en derecho humano integrador de todos los derechos que han de ser garantizados y que acaso demandan, como lo veo, de otras categorías constitucionales – locales y globales – pendientes de su formulación dentro de un repensado Estado de Derecho y de una nueva ponderación de los derechos del hombre – varón o mujer – y que se les identifique como derechos humanos legítimos por ser los inherentes al mismo hombre, como tal, hombre, varón o mujer, en sus expresiones unas, únicas y necesitadas de la otredad.

LA SOCIEDAD CIVIL, ¿FRENO A LA CORRUPCIÓN?

Se me han planteado dos ángulos o cuestiones a ser abordados, de un modo particular o conjunto, con vistas al amplio contexto que les he descrito, a saber el de la sociedad civil o el del "capital social" de la democracia – metáfora para Laurence Whitehead y contrapeso de las desviaciones antidemocráticas – y el de la corrupción política, otra vez tan actual luego del escándalo ODEBRECHT y que recuerda Alexander Hamilton para describir a quienes piden o reciben dádivas bajo la mesa para traicionar la confianza de quienes los han elegido mediante el voto.

En cuanto a la corrupción – "vicio de los hombres, no de los tiempos" – según Seneca, me he preguntado si acaso ¿es – al igual que la pobreza crítica – mayor y lacerante como han afirmado los Socialistas del siglo XXI para apuntalar su trucado regreso desde las cavernas y antes de que el flagelo del peculado los pusiese luego al desnudo, frente a los pueblos que han gobernado? Pienso que una y otra son más visibles e inocultables por obra de la misma globalización y el vértigo comunicacional de sus noticias. De nada sirve más, por lo visto, la censura de Estado y sus tribunales inquisitoriales. Pero no descarto, si lo que se busca es situar el fenómeno de la corrupción como variable de la crisis de nuestras democracias, la existencia, al respecto, de una zona gris, como lo es el uso de la corrupción – sin costo político alguno – como parte de las estrategias de lucha por el mismo poder político, y la realidad de la corrupción como un elemento que propicia el alto costo del quehacer electoral en tiempos de globalización. Atacar nada cuesta y llegar al poder, sólo le es posible a quien tiene posibilidades de acceso material al mercado virtual de la política. Son cuestiones, en todo caso, que deben ser testeadas con la mayor seriedad. Sin dejar de apuntar sobre otro elemento que también la potencializa, como lo es, justamente, la ausencia de Estado y la falta de articulación moral de la sociedad, hecha hilachas. Cuando Dios ha muerto, dice Zaratustra, todo es posible. El mismo Petronio se pregunta, en el siglo I ¿qué pueden hacer las leyes, donde sólo el dinero reina?

La sociedad civil, exponencialmente invertebrada, trastocada por la egolatría vocacional de las redes sociales cuando dejan de ser instrumentos y derivan en fines y absolutos, tiene ante sí, como su primer desafío, alcanzar su articulación y adquirir "civilidad", es decir, encontrar su ethos cultural y ello es esencial, lo dice Luis Almagro, secretario general de la OEA, pues "la sociedad civil es vital para identificar los problemas de la región… [y es] el motor del cambio democrático".

El caso es que dentro de tal concepto no pocos – en especial quienes se dicen representarla – suman de modo indiscriminado las más diversas expresiones asociativas, en lo particular cuando tratan éstos de situarlas como una suerte de muro de contención frente al Estado, la política, los políticos, e incluso agregan, sobre todo, las manifestaciones sociales más variadas de la anti-política y que al término, sin ocultarlo, buscan abrirse espacios dentro de la política en abierta confrontación competitiva con los partidos políticos, susti-tuyéndoles.

De modo que, para los fines que nos interesan, una primera línea delimitadora que cabe trazar sobre el mapa es la que sostiene que "para que se pueda iniciar una transición democrática debe haber una comunidad política receptiva a las aspiraciones democráticas". Y la condición es válida, pues la pregunta no huelga: ¿Es democrática la sociedad civil que hoy presiona con su presencia envolvente en los espacios públicos domésticos e internacionales, modulando e incluso imponiendo sus exigencias sobre las políticas públicas?

Debo señalar que en modo alguno puede generalizarse en la materia. Menos cabe tomar mis consideraciones como una oblicua y anticipada crítica a la sociedad civil. Sólo planteo una reflexión al respecto.

La historia ilustra cabalmente sobre la realidad inexcusable de la sociedad civil y acerca de su papel esencial en el parto de nuestras repúblicas. Si miramos hacia atrás ellas no son el resultado de un ejercicio meramente teórico o de plagio constitucional de lo ajeno. La literatura regional ilustra de modo suficiente sobre nuestro dilema inaugural entre civilización y barbarie, sobre el intento de domesticación de lo político para sujetarlo a los moldes de nuestra vida rural. No por azar la historia patria de nuestras naciones es la apología de los gendarmes necesarios o césares democráticos quienes trasladan al ejercicio del poder sus hábitos de hacienda heredados inmemorialmente y en donde el orden formal es eso, formas y sacramentos que constitucionalmente se ajustan en la medida que necesita la visión bárbara – permítaseme decirlo así – del ejercicio del poder por parte de nuestros padres buenos y fuertes, con perspectivas tutelares.

Y acaso, entonces, lo que ahora plantea la difusa emergencia de la sociedad civil contemporánea, en el plano de lo público, sea o represente la demanda por una vuelta de la política hacia el campo profundo, del complejo y muy plural entramado de las relaciones sociales dentro de nuestros pueblos.

De modo que, la repregunta que con aparente tono de desprecio le hizo en su momento a un periodista quien fraguara el actual orden constitucional venezolano, en 1999, a propósito de la sociedad civil, adquiere pertinencia: ¿con qué se come eso? ¿De qué sociedad civil hablamos y cuál es la sociedad civil que intenta dibujar nuestros espacios públicos en puja diaria con y frente a los partidos políticos venidos del siglo XX? ¿Es propicia tal sociedad civil a nuestra democratización o las exigencias de la democracia y la ciudadanía han de ajustarse a sus preferencias grupales o cosmovisiones, no pocas veces fundadas en el derecho que reclaman a la diferencia, negadora de la otredad?

Los teóricos de la sociedad civil recuerdan cómo, para algunos, el fortalecimiento de las clases medias, el sindicalismo, el protestantismo, la homogeneidad étnico-social, han sido proclives a la democratización como proceso; pero para ellos la cuestión es más compleja. Y, por ende, paradójicamente, prefieren trabajar otra vez como en el pasado con las categorías de incivilidad y civilidad para medir la tensión entre la sociedad civil y la ciudadanía democrática. Ello, por una razón elemental, como es que, a diferencia de lo que se cree, más allá del desempeño de los actores de élite – como lo precisa Lawrence Whitehead en su *Teoría y experiencia de la democratización* – una vez como se abre el teatro de la democracia la calidad de sus resultados depende en mucho de las percepciones ya instaladas en el público, a saber, de la cuestión de sus costumbres y prácticas.

Pero si bien es difícil la universalización de la idea y el concepto de la sociedad civil como fuente de democratización – que fractura o al menos fisura la cárcel de ciudadanía en la que han derivado muchos Estados y sus gobiernos – hemos de hacer un ejercicio actual para saber dónde estamos parados.

Para Hobbes la sociedad civil es la respuesta al peligro de la universalización del estado de naturaleza, sujeto a la jerarquía y tradiciones localistas primarias. Hegel la entiende como la resultante del fortalecimiento del comercio como un área distinta de la política, por ende, sujeta a las reglas del Derecho privado. Y en Tocqueville es la sociedad civil la que llena el vacío que deja la aristocracia una vez instalada la experiencia de la democracia. Hegel – lo recuerda Whitehead – ve a la religión dentro del campo superior del Estado, en tanto que Tocqueville la mira como una expresión voluntaria de la organización social. Y si para Marx lo que la expresa es la asociación de los trabajadores en sindicatos, Tocqueville, observando el laboratorio estadunidense, cree mejor que es el periódico local el que une y le da textura a la realidad humana dispersa.

Si cabe una síntesis arbitraria de lo dicho, podemos decir que para el marxismo las entidades sociales que imagina no hacen relación alguna con la sociedad civil de Tocqueville, pues ésta, como reunión de asociaciones públicas voluntarias que permiten a los individuos cooperar en fines colectivos, vienen afectadas por el interés material propio, como distribuir libros, crear albergues, enviar misioneros, realizar fines educativos, etc. De modo que, al término, para Tocqueville la sociedad civil y la democracia tienen vínculos inherentes, en tanto que para los demás, resultan antagonistas.

En la práctica, los tiempos y sus exigencias no han llevado a experiencias distintas esta vez, como lo creo, ya superadas. Cancino las recuerda. Hace énfasis en el período posterior a la Segunda Gran Guerra del siglo XX, durante el que la emergencia y fuerte instalación del Estado de Bienestar, le llevo al punto de tutelar a la sociedad civil – acaso débil e inexistente – y proveerla en sus aspiraciones; al que sigue luego, al hacer crisis el Estado de Bienestar, un espacio en el que adquieren vigor los llamados Pactos sociales, el neo-corporativismo según el autor, que obliga a la deliberación y acuerdo entre el Estado, los empresarios y el mundo de los trabajadores, a objeto de sostener la democracia social mediante una responsabilidad compartida. Y a la caída del Muro de Berlín, la insurgencia neoliberal por efecto de balanza ante el derrumbe comunista busca reducir la presencia del Estado y propiciar la desregulación, con ello la autonomía no contenida del entramado social, en lo particular el económico y financiero. Los dos últimos períodos, con sus matices y énfasis distintos, apostaron al fortalecimiento de las responsa-bilidades sociales de la sociedad civil. La opinión es de Pérez Díaz, escritor español de la obra sobre *La primacía de la sociedad civil*, y cuyo corolario no comparte Cancino al advertir que el fortalecimiento del Estado de Bienestar no fue autogenerado sino el producto, justamente, de la presión de la sociedad civil. Whitehead, cuya tesis comparto, prefiere señalar que "la sociedad civil también se desarrolla de modo desigual con el paso del tiempo sobre una lógica distinta a la de la formación del Estado", del espacio público; sin que me atreva a adjetivarlo para decir que se forma con una lógica distinta a la del Estado democrático.

Cabe, a esta altura y asumiendo como mera figura pedagógica la de la situación de la sociedad civil en un punto equis distante o de sincretismo entre el estado primitivo de naturaleza y la existencia del Leviatán, como materia, forma y poder de una república, intentar dar respuesta a nuestra pregunta repetida: ¿Con qué se come la sociedad civil?

En mi citado libro sobre *La Democracia del siglo XXI y el final de los Estados*, hago una observación que es el producto del desafío planteado por Luigi Ferrajoli y que señalo al inicio de esta conferencia, a saber, que es llegado el momento de imaginar otras categorías constitucionales para mejor comprender las realidades del momento, puesto que son distintas de las que hemos conocido – como la de la sociedad civil organizada – pero que por atarlas a los conceptos de lo conocido y de lo vivido hasta finales del siglo XX, nos impide en lo adelante un claro diagnóstico y la certeza de la terapéutica necesaria para sortear lo que sentimos a flor de piel: el desencanto democrático colectivo y la intoxicación electoral; el relajamiento de la ley y su mutación cotidiana para la legalización de la ilegalidad; y la explotación del mundo de los derechos como si fuesen derechos exponenciales e infinitos, de consecuencia haciéndoseles triviales, meros mitos movilizadores en manos de los traficantes de ilusiones que ejercen nuestros gobiernos.

EL «QUIEBRE EPOCAL»

Así las cosas, para la defensa de la democracia y una efectiva lucha por la transparencia, cabe resolver, en el ámbito de la sociedad civil, el carácter fragmentario o celular que acusa el tejido o entramado social posmoderno dentro de nuestras propias naciones, dando lugar a una miríada de cosmovisiones caseras que antagonizan entre sí, todas a una con pretensiones de universalidad y de acallar la voz de sus contrarias.

La cuestión no es trivial y por eso insisto en este fenómeno por resolverse, pues es como si ahora – por la pérdida de valor de lo territorial y la preeminencia del tiempo – el velo protector de la vieja polis o ciudad, de nuestra intimidad nacional y soberana, por insuficiente, hubiese caído para dejarnos en la desnudez total, diluyéndonos a los viejos ciudadanos en la muchedumbre. Es como si al pequeño drama de nuestras existencias se le suma el drama igual de los demás hasta hacérnoslo propio y cotidianamente insoportable. De allí nuestra acusada vuelta a las cavernas, a las patrias chicas como también las llama e identifica Giovanni Sartori, uno de los más respetados teóricos sobre la democracia: suerte de regazo materno que aún nos protege y hace posible la vida introspectiva como políticamente inútil de nuestros contemporáneos. ¿O no es acaso esto lo que les ocurre a los sectores juveniles del mundo, en especial a las llamadas tribus urbanas, declinantes en sus curiosidades y excluyentes de todo aquello que no se les parezca; quienes prefieren vivir anestesiados y abstraídos bajo los audífonos de un minicomponente musical de última generación?

Sobre tal telón de fondo, Jean-Marie Guéhenno escribe en 1995 sobre el fin de la democracia, arguyendo que 1989, antes que cerrar el tiempo iniciado en 1945, superada la Segunda Gran Guerra, o en 1917, con la instalación del comunismo en Rusia, le pone fin a la era de los Estados-naciones, se clausura aquello que se institucionalizó gracias a 1789.

Y dice bien que la nación no tiene más definición que la histórica, es el lugar de una historia común, de comunes desgracias y de comunes alegrías, pero a fin de cuentas es el lugar dentro del que vive y se expande el fenómeno de la asociación de voluntades libres para propósitos sectoriales y colectivos.

Lo cierto es que en el tiempo de las relaciones globales que marcha con ritmo creciente, el territorio y la proximidad territorial pierden importancia. El mundo se hace más abstracto e inmaterial, y la nación está amenazada como espacio natural y del control político. Ha lugar a una suerte de libanización del mundo de la que no escapamos en América Latina; pues las comunidades se convierten en fortalezas y prisiones, a un punto tal que las líneas punteadas que separan a los Estados surgen ahora al interior de cada uno de nuestros Estados – sea el salvadoreño, sea el venezolano – sin que por ello mengüe la actividad relacional, incluso global, pero, eso sí, entre individuos semejantes por necesidades o en su indignación común y no entre diferentes, aun siendo compatriotas.

De la antigua ciudadanía política – lo sostiene Ghéhenno – nada queda y es un cómodo medio de manifestar mal humor hacia unos dirigentes. Durante dos siglos, en efecto, hemos pensado la libertad, léase la democracia, a través de la esfera política que había de organizarla, el Estado y los partidos. Y se ha entablado una carrera entre la difusión de la técnica a nivel global, que aumenta los medios de la violencia, y la difusión relacional del poder por obra de la difuminación social o la ruptura del tejido social que soporta a nuestros Estados Naciones, que la desactiva en una suerte de paradoja.

Ha lugar, en síntesis, un cambio de ciclo en la historia de la civilización. Más allá de su vocación mundial o de su consecuencia: el agotamiento del Estado y de su organización republicana, por impersonal y patrimonial e hija del espacio material, tiene por objeto y sujetos al individuo o individuos y a la Humanidad Totalizante. Deja en espera o sujeta a revisión a todas las formas sociales, geopolíticas intermedias y subsidiarias conocidas: las regiones, las provincias, las municipalidades y hasta las comunas. Los individuos quedan libres de ataduras y sujeciones asociativas, abandonan sus identidades ciudadanas o correspondencias con la patria de bandera y en paralelo pierden las seguridades que les aportan el propio Estado o sociedad política moderna. De suyo, en lo sucesivo medran solitarios, en espera de otras seguridades que sustituyan a las anteriores pero que no llegan con la urgencia reclamada. De allí el regreso a las cavernas, cabe reiterarlo, y los nuevos miedos o angustias que al igual que los sufre el hombre medieval hacen presa del hombre de nuestro tiempo.

La lección de este relato, en apariencia especulativo, no se hace esperar. Nos dice lo que George Orwell observa con presciencia en su novela de ficción política 1984, editada en 1949: la emergencia de una dictadura gris en el mundo. Pero igualmente indica que ingresamos sin percatarnos, como actores o espectadores, al teatro de la razón y del intelecto; por lo mismo, a un escenario proclive en teoría a la exaltación de la vida humana cuando se la entiende como algo más que mera expresión biológica y terrenal. No obstante, lo cual, quizás por la premura de los sucesos en curso y la sobreabundancia de informaciones que acompaña al uso de los ordenadores y las redes satelitales, nos arrastra de modo tan violento que provoca una parálisis o dislocación de la voluntad individual y también social. Nos torna a la mayoría en escépticos escruta-dores del presente e incapaces, por lo pronto, de hacer de nuestras concordancias una voluntad común y canalizarlas adecuadamente para beneficio del cambio efectivo e inevitable de las cosas planteado.

El asunto en cuestión reside en no saber qué nos espera o en nuestra sobrevenida incapacidad para detenernos y mirar con calma lo que nos rodea y reconocernos, mejor aún, como señores del mundo y de nuestro entorno; en suma, es nuestra falta sobrevenida de aldabones a los cuales asirnos fuertemente – como lo son, cabe repetirlo hasta la saciedad, nuestras identidades ciudadanas y sus garantías dentro del Estado – mientras logra sedimentar el tránsito hacia ese otro estadio de la vida humana más ganado para lo imaginario. El dilema es que en la medida en que la nueva cosmovisión se afirma y llega con sus provisiones a buena parte del género humano y éste las recepta con ánimo crítico y constructivo, otra parte, la mayor cuota, o no tiene más opción que la servidumbre digital o acaso les resulta confortable dejarse arrastrar por las corrientes adormecedoras que fluyen vertiginosas por el ciberespacio.

EL DESAFÍO DE LA DEMOCRACIA Y SUS PELIGROS

De modo que – he aquí lo central – a falta del Estado Nación y la mengua inevitable de sus correas de transmisión – los poderes públicos y sus instituciones, la organización geopolítica vertical, los partidos políticos, la misma ciudadanía y el sentido de pertenencia que apareja – el hombre, varón y mujer de nuestra Era, sintiéndose moralmente abandonado, si corre con suerte puede dar un salto cuántico hacia planos de desarrollo personal integral nunca imaginados. Pero si usa de las ciencias de la información con criterio logofóbico y a ellas se ata apartando los conceptos y haciendo de los símbolos e imágenes computados la finalidad y no el medio para su realización personal en plenitud, puede moverse apenas hacia un estadio de alienación y neo-materialismo más gravoso que el precedente.

En las Universidades de París-Dauphine y de Cornell, en los Estados Unidos, como en la London School of Economics, otra vez se habla y debate, en fin, acerca del materialismo filosófico, para dar cuenta no de los problemas del dinero, de la acumulación o del denominado capitalismo salvaje tan denostado por el populismo de transición, sino para apuntar – lo narra Alberto Benegas Lynch, miembro de las Academias de Ciencias y de Ciencias Económicas de Buenos Aires – que el hombre, desatado de las mediaciones sociales conocidas – la ciudad, los Estados, la propia organización regional o universal que reúne a éstos – y expuesto como queda al dominio cibernético en curso arriesga perder su libre albedrío y hasta la conciencia,

211

programables por anticipado a manos de los *land lords* del siglo XXI (La incongruencia del materialismo, La Nación, Buenos Aires, 20 de agosto de 2008).

Las polaridades políticas, el decaimiento y renacer de los mitos históricos, la cohabitación y los procesos transicionales que se impulsan entre la república democrática y sus enemigos históricos (revoluciones populistas, narcoterrorismo), el incremento de la corrupción en pugna abierta con reclamos colectivos por una mayor transparencia pública y servicio a la verdad, el choque entre hegemonías comunicacionales públicas y privadas y el periodismo subterráneo bajo control de los ex ciudadanos o "millenials", demandan, por lo visto, de una revisión y juicio de valor integral.

La misma debe ser contextual, ética y a la vez práctica, sobre la experiencia de la democracia y la necesidad probable de su reinvención contemporánea. Urge, por ende, el rescate de una efectiva direccionalidad renovada de la misma democracia y la superación de los voluntarismos militantes y sociales, que se revelan inútiles en la circunstancia a pesar del ruido que puedan causar a través del periodismo de redes y dado el ambiente "posdemocrático" que domina en la región y en el Occidente durante la última década.

Es indispensable, así las cosas, iluminar caminos, ofrecer certidumbres en lo inmediato – para atenuar y resolver las urgencias – pero con vistas a narrativas omnicomprensivas y plazos generacionales que vayan más allá de las manifestaciones del momento. ¿Es posible evaluar la ruptura epistemológica que ocurre en las Américas apelando a lo sabido y conocido, a fin de no enajenar nuestras raíces fundantes? ¿Podremos entender, a la vez, que la realidad de presente es tal y como es, con abstracción de sus ideologizaciones? ¿Seremos capaces de asumir el porvenir descartando "utopías utópicas", conciliar utopías posibles con realidades en emergencia y asumir, con ánimo crítico y no trágico, la globalización (relativización cultural y moral, debilitamiento de las dimensiones espaciales y materiales de la política y la economía, revalorización del tiempo y su velocidad de vértigo en todas las áreas, unidad de comportamiento de los citados "millenials" y sus aspiraciones morales, dispersión social y política de los grupos étnicos-raciales, religiosos, comunitarios, de género, etc., invasión de la realidad digital), reformulando y ajustando, si cabe, la tríada que forman la democracia, la seguridad jurídica, y los derechos humanos? ¿En fin, entre la afirmación de los localismos soberanos y la seguridad y moral democráticas – constante en la Declaración Universal sobre la Democracia (1997), en la Carta Democrática Interamericana (2001), y en la Resolución de la Asamblea Parlamentaria EURONEST sobre los Retos para el Futuro de la Democracia (2012) – media acaso una contradicción irresoluble y a costa de la misma democracia?

Las respuestas a los desafíos de la sociedad civil frente a la democracia y los hechos de corrupción que otra vez la empañan, están por ser elaboradas y sólo la misma sociedad civil, en sus pedazos aquí presentes, podrá forjarla, haciendo un alto, mirándose a sí misma, para luego mirar a la nación en su conjunto y darle una nueva racionalidad a la actividad política.

VIII

GOBERNABILIDAD EN DEMOCRACIA[76]

El libro cuya presentación nos reúne bajo patrocinio del Consejo Argentino de Relaciones Internacionales, llega en una hora apropiada. Su editor, nuestro amigo, el eminente jurista e investigador mexicano, Diego Valadés, con voz propia y no solo para resumir los diez y ocho calificados ensayos que integran el título Gobernabilidad y constitucionalismo en América Latina (México, 2005), dice bien que "con un sentido semejante al de gobernabilidad y de buen gobierno, se utiliza la expresión ‹calidad de la democracia›"; que es, en esencia, el drama de nuestros días: gobiernos elegidos por el pueblo quienes luego vacían de contenido a la misma democracia, postergan las libertades y entronizan todo género de prácticas arbitrarias.

De allí su clara afirmación en cuanto a que "los problemas de gobernabilidad tienen que ver con los múltiples temas concernidos con el Estado constitucional. Debe tenerse en

---

[76] Palabras de presentación del libro Gobernabilidad y constitucionalismo en América Latina de Diego Valadés, en el Consejo Argentino de Relaciones Internacionales, Buenos Aires, 1° de noviembre de 2005.

cuenta – lo dice Valadés – que la gobernabilidad constitucional supone un proceso de racionalización del ejercicio del poder. Los fundamentos del poder se encuentran en la legitimidad, en cuanto a su origen, y en la racionalidad, en cuanto a su ejercicio. El poder que no resuelve conflictos y que, por el contrario, los exacerba, no es racional", como lo concluye el editor en su acabado Estudio Introductorio.

Queda fija en el libro y en su contexto, así, la idea matriz y el compromiso que animara la iniciativa intelectual del Instituto de Investigaciones Jurídicas de la Universidad Nacional Autónoma de México: proveer, desde la perspectiva jurídica constitucional, elementos de juicio varios y suficientes para una reflexión actual, seria y urgente sobre la democracia y acerca de la gobernabilidad en la democracia, con vista a sus finalidades intrínsecas.

Nace la obra, pues, en un momento de tránsito histórico excepcional y, nos atreveríamos aseverar, de ingobernabilidad hobbesiana – si apelamos a la expresión ingeniosa de Reis, recogida en el ensayo de José Afonso Da Silva.

INGOBERNABILIDAD HOBBESIANA

La ingobernabilidad, como tal, indica o sugiere, en efecto, los peligros y riesgos que en el presente viven y asumen los valores de este modelo político milenario y espacialmente limitado: la democracia a secas, reclamada en su universalidad vocacional pero que ahora como nunca antes debe descubrírsela como derecho humano de los pueblos; pero democracia, a fin de cuentas, también víctima de todos los denuestos y señalada, sobre todo en la América Latina, como la responsable de nuestros males endémicos.

No por azar, el Informe preparado por el PNUD en 1994 con el título "Ideas y aportes: La democracia en América Latina", sin mengua de las reservas que nos suscita, asegura que "la proporción de latinoamericanas y latinoamericanos que estarían dispuestos a sacrificar un gobierno democrático en aras de un progreso real socioeconómico super[ía] el 50%".

De allí, entonces, la firme y oportuna precisión del expresidente Valentín Paniagua, quien a partir de la experiencia peruana recuerda en su ensayo que la democracia ha sido apenas un momentum, quizá un desideratum, en la pléyade de autocracias militares y civiles que nutren el tiempo y la sustancia de nuestra historia bicentenaria de pueblos y de naciones.

Tenemos en nuestras manos, así las cosas, un estudio cabal, no solo necesario sino esperado y mucho, acerca de la gobernabilidad de la democracia y sobre las categorías constitucionales que ora pueden hacerla posible, ora pueden ayudarnos a prevenir en cuanto a las realidades o las amenazas que la inhiben o que la acechan en su desempeño, dándoles un curso de solución igualmente constitucional y procurador del ahora llamado y reclamado Buen Gobierno. "La gobernabilidad democrática – como lo enfatiza Valadés – plantea una alta carga de demandas al sistema constitucional" de nuestro tiempo.

Mal podríamos situar el alto valor y el significado de este libro, por otra parte, sin que tengamos presente como referencia – más allá del uso pionero que de la palabra gobernabilidad hiciera el constitucionalista británico Walter Bagehot, en 1876 – el planteamiento central de otro informe que sobre la gobernabilidad de las democracias fuese elaborado dos décadas antes, por los Profesores Michel Crozier, Samuel Huntington, y Joji Watanusi, editado por la New York University Press con el nombre The crisis of democracy (New York, 1975).

Da Silva, citado, quien escribe sobre "A gobernabilidade num Estado Democrático de Direito", nos lleva de su mano y letra más allá de los indicadores de desempeño institucional y de gobernabilidad que exigiría la ponderación de nuestras democracias, para recordarnos, a la luz del Informe Huntington, que el concepto de gobernabilidad "se construyó en la ocurrencia de su opuesto: la ingobernabilidad", que acuñáramos al inicio de esta comunicación.

Mas ella fue advertida como tal y como fenómeno específico en los años ´70, dada la crisis del modelo de Estado de Bienestar o Social de Derecho una vez como llegara a los límites de sus posibilidades, y en razón de la sobrevenida incapacidad del Estado para asumir las demandas exponenciales de sociedades en movimiento y, por ende, exigentes. Era el momento de la llamada "ingobernabilidad por sobrecarga".

Esta vez – de allí el sentido paralelo de la mención anterior – podemos observar y apreciar un tiempo distinto, tiempo puente o de tránsito – lo repetimos – entre dos Eras, de mayores desafíos, pero también de ingentes amenazas para la experiencia democrática, en tanto y en cuanto afectan con severidad a lo institucional. Vivimos, así las cosas, en la ingobernabilidad por anomia, llamada supra "hobbesiana".

El constitucionalista argentino, nuestro amable anfitrión, Alberto Ricardo Dalla Vía, comenta en su ensayo, siguiendo a Nino y a la luz de la idea de la eficacia normativa, sobre "el elevado grado de incumplimiento de las normas" en Argentina – con perjuicio de la predictibilidad de las relaciones humanas en un Estado de Derecho y democrático – e igualmente característica, como lo creemos, de la personalidad sincrética de los iberoamericanos. Se trata también de lo que Reis – mencionado por Da Silva – describe, desde su ángulo particular, como la inseguridad general de la vida humana y planetaria: provocada, entre otros elementos, por la penetración del narcotráfico, léase la "violencia urbana, la criminalidad intensificada, la inseguridad", dentro de un cuadro de desdoblamiento producto – en su entender – de la globalización y que, para colmo de males explotan con avidez los artesanos del terrorismo.

No es del caso ni nos corresponde elaborar un juicio sobre el contenido de la obra que justifica nuestras palabras. Ella es suficiente por si sola y, sobre todo, es plural y varia en sus aproximaciones a los temas de gobernabilidad, Buen Gobierno y constitucionalismo, con vistas a la muy tormentosa experiencia democrática latinoamericana. Sobran en sus páginas los argumentos para un análisis cuidadoso y detallado, conceptual y práctico, muy actual, sobre la materia.

INGOBERNABILIDAD POR ANOMIA

Preferiríamos, provocados por las reflexiones de sus autores en colectivo, plantear o sugerir de manera breve algunos enfoques vinculados, sí, al libro que nos ocupa, pero que han sido objeto de nuestra reflexión personal en los años recientes y en circunstancias tan especiales como ésta: sea en Brasilia – a propósito de la Cumbre Regional de la UNESCO sobre Desarrollo Político y Principios Democráticos, celebrada en 1997, sea en Ciudad de México – durante el Congreso Internacional de Culturas y Sistemas Jurídicos Comparados, en 2004, o aquí en Buenos Aires, por invitación que nos dispensará la Asociación Argentina de Derecho Comparado.

El primer asunto tiene que ver con la mencionada ingobernabilidad por anomia.

El ingreso a la Era de la Inteligencia Artificial y, de suyo, el sobrevenido carácter residual que experimentan los supuestos materialistas y/o espaciales que dieran lugar a las elaboraciones marxistas, socialistas, socialcristianas y liberales como nutrientes de la cosa pública y que hicieran posible la fragua del Estado soberano que conocemos, ha hecho trizas buena parte de los paradigmas de la Ilustración, del racionalismo e incluso de las dos grandes guerras del siglo XX. Y esto es así aun cuando no nos atrevamos a predicar con Fukuyama, prevenidos por Valadés, la muerte de la historia, ni con Alain Minc, el fin de la democracia como sistema político de Gobierno.

Creemos con Touraine, mejor aún y por ahora, que la democracia es víctima de su propia fuerza; quizá porque en la desnudez institucional que acusa el hombre – varón y mujer – por obra de la misma transición histórica que le encuentra como actor y testigo, no tiene otra alternativa que mirarse a si mismo y en la materia de sus harapos, y a los otros en sí mismo para redescubrir las potencialidades de su inmanente dignidad. Pero de nada le serviría este esfuerzo si a la par no es consciente de las realidades que acechan a su milenario señorío sobre la Naturaleza.

La integración acelerada y la compactación universal de hechos inéditos y muy recientes: piénsese en la cibernética o en el descubrimiento del mapa genético de los seres humanos, corre pareja, en síntesis, a la movilidad transfronteriza de los mayores problemas: la pobreza y la inseguridad global, y a una severa desintegración de los anclajes de la vieja estatalidad, es decir, de esa "patria de bandera" tan autosuficiente, y denostada por Miguel de Unamuno.

Luigi Ferrajoli, teórico italiano del Derecho y de la política, tiene base fundada al escribir en sus Razones jurídicas para el pacifismo (Madrid, Trotta, 2004) sobre la emergencia factual – coetánea o consecuencia de la misma globalización – de "instancias de autonomía política fundadas en reivindicaciones localistas y comunitarias nacionalistas, étnicas o religiosas, entendidas como factores de identidad cultural".

Es preciso, además, al advertir que lo común a una u otra tendencia, sea la globalizadora o integradora de lo humano en la virtualidad, sea la que multiplica los localismos, es la "crisis del Estado nacional": la advertida fragilidad de sus rieles de transmisión, los poderes públicos centrales, los partidos políticos, y la misma idea de la soberanía, en suma. De allí los trastornos y el desprestigio que éstos padecen y que no pocos observadores reducen a la idea repetida de la ingobernabilidad.

En el caso de América Latina la circunstancia es evidente. Pero no es ocioso registrar, como dato para la memoria, que nuestros Estados y partidos – sea por abulia o degeneración, sea por temor o ausencia de lucidez – no estuvieron, en el momento de la inflexión histórica, a la altura de sus obras de modernización; que hicieron posible, quiérase o no, la emergencia de esas sociedades maduras y en movimiento que tanta incertidumbre concita a quienes, como albaceas de la institucionalidad declinante, la administran en su agonía.

Demasiado grande y complejo es el Estado de nuestro tiempo como para ocuparse y entender la vida y los problemas del hombre común: quien sólo sabe de "patrias de campanario". En contrapartida, se muestra débil e ineficaz como nunca para su elemental cometido: el mantenimiento del orden dentro del Derecho, que no sea apelando a la resurrección de los autoritarismos. Y si éste sobrevive, agonizante, lo es a empellones y disimulado tras el arrojo de neocaudillos en emergencia, ventrílocuos del poder o expertos traficantes de las ilusiones.

Vivimos la oposición corriente y en boga entre el sueño planetario que imaginara Kant y un desarraigo en explosión anidado por los miedos de reciente cuño: suerte de "regresión premoderna a una sociedad internacional y a comunidades infra estatales desreguladas y salvajes; formadas a la manera de clanes fundamentalistas, etnias o conciliábulos de estirpe cultural, racial, religiosa o de inspiración histórica. Ambas tendencias, afectadas por la anomia, chocan entre sí y vienen dando lugar a tensiones sociales y polarizaciones violentas e intestinas sostenidas, por intolerantes y excluyentes – la una y las otras – de la ‹otredad›.

HACIA LA RECONSTITUCIÓN DE LO DEMOCRÁTICO

Cabe la aguda reflexión de Alain Touraine acerca de la democracia, pues recuerda que la ausencia de unidad – léase de solidaridad o de vocación hacia lo universal – le quita sentido a la comunicación, como la falta de diversidad le resta a la vida humana su aliento; por lo que debería imponerse, según él, la necesaria combinación entre la unidad de la razón y la diversidad de las memorias. La democracia – lo dice Touraine recordando a Charles Taylor – es a fin de cuentas la política del reconocimiento de los otros.

Más allá del discurso crítico a la globalización, en síntesis, lo que es de apreciar y destacar es la ausencia de decisiones concretas, actuales, viables y multilaterales que le insuflen certidumbre, aún a destiempo, a los paradigmas que sobre el respeto y la garantía internacional de los derechos humanos – en tanto que contenido y razón de ser de la democracia – dictara como prescripciones de orden público supraconstitucional la Carta de San Francisco, en 1945.

"No se han elaborado hasta ahora – lo dice preocupado Ferrajoli – formas [constitucionales o supraconstitucionales] a la altura de la globalización y capaces de asegurar, mediante el gobierno de las numerosas interdependencias que caracterizan las relaciones internacionales, la paz, la igualdad y los derechos fundamentales de los pueblos y de las personas"; ni se avizora, peor aún, alguna reflexión válida sobre el urgente y necesario trasplante de la regla democrática hacia el plano de lo global.

Le corresponderá a la opinión pública, por lo mismo, en términos más exigentes a los que hicieran posible su desempeño durante las grandes revoluciones de los siglos XVIII y XIX y que determinaran el nacimiento del moderno Estado de Derecho, proveer ahora lo necesario. Lo dice bien Adrián Ventura en su sugestivo ensayo: "En la democracia de la era de la información o infocracia, el poder no resi[dirá] exclusivamente en la autoridad", como lo fuese hasta el reciente pasado. Así de simple.

En lo domestico, de cara a la metástasis social en curso, nada distinto del discurso reactivo se esgrime o argumenta contra todo aquello que, por disolvente, mitológico, populista u oportunista cuestionamos y tachamos por menguante, qué duda cabe, de nuestras seguridades, de nuestras libertades políticas. Medramos sin respuestas a la crisis de plenitud y de coherencia antes ofrecidas por el orden del Estado y sin que tampoco sepamos como resolver, más allá de la fingida y gastada evocación de la soberanía o de la autodeterminación, el trasiego hacia sus fueros – anegándolos – de la realidad global en acción y gestación, a pesar de que ésta todavía carezca de gobierno y direccionalidad ciertos.

El otro asunto que nos motiva hace relación con la idea de gobernabilidad dibujada por Valadés y que sólo se realizaría dentro de procesos democráticos en los que las decisiones sean adoptadas por autoridades legítimas, tanto en su origen como en su desempeño.

La concepción finalista de la democracia, cabe recordarlo, ha sido y es propia y sustantiva al Sistema Interamericano en su progresividad normativa. Y esto es así más allá de la falta de su generalidad como experiencia, e incluso a pesar de que ella, la democracia – si apelamos a la descripción de Rómulo Betancourt, expresidente venezolano – no sea sino un intersticio: "paréntesis fugaz entre largas etapas en las que se impuso sobre la nación el imperio autoritario de dictadores y de déspotas".

LA PERSPECTIVA INTERAMERICANA

La democracia en las Américas, como expediente teórico y jurídico, y desde tal perspectiva, ha sido objeto de una ‹deslocalización› paulatina durante casi dos centurias, vale decir, de su consiguiente traslado material desde los ámbitos propios al Derecho constitucional hacia el Derecho internacional regional y común, con énfasis especial en el ámbito garantista de los derechos humanos.

Bastaría una revisión contextual somera, en seguidilla, de hitos fundamentales [como el Congreso de Lima, de 1847, y las sucesivas Conferencias Internacionales Americanas hasta 1936; la Carta de la OEA y la Declaración Americana de Derechos Humanos, de 1948; la Declaración de Santiago, de 1959; la Convención Americana de Derechos Humanos, de 1969 junto a su desarrollo jurisprudencial, desde mediados de los años '80; el Compromiso de Santiago y la Resolución 1080, de 1991; el Protocolo de Washington de 1992 hasta las recientes Cumbres de las Américas], para afirmar, sin ambages, que tanto el planteamiento finalista de la democracia como la inédita definición de un sistema de seguridad colectiva hemisférica de las democracias, no representan – teóricamente y para las Américas – un salto en el vacío, ni es la obra sobrevenida de una desviación "mundializadora" en momentos de acusada ingobernabilidad.

Así que, dado el argumento que ante nosotros esgrimiese el nuevo Secretario General de la OEA, José Miguel Insulza, en cuanto a que las prescripciones de la novísima Carta Democrática Interamericana mal podrán aplicarse o coadyuvar a la gobernabilidad y/o al Buen Gobierno en las Américas, de no ser que se asegure previamente el principio de la autodeterminación, hemos de precisar que bastaría una exégesis cuidadosa de la Doctrina Monroe, sobre la que se construyera el clásico principio de la No-intervención, para probar que éste – antes que salvaguardar la autonomía política y la discrecionalidad soberana de los Estados – quiso impedir la prórroga del criterio de la legitimidad monárquica esgrimido por el Tratado de la Santa Alianza de 26 de septiembre de 1815, para garantizar de tal modo la propagación de los ideales republicanos en el Nuevo Mundo.

No podía sorprender, pues, que uno de los propósitos del Congreso Anfictiónico de Panamá convocado por Simón Bolívar fuese, en 1826, la reafirmación de la democracia "republicana" en el Continente y su cristalización como principio ordenador del Derecho internacional americano. El artículo 29 del célebre Tratado de Unión Liga y Confederación Perpetuas, recogido en su espíritu por la Carta Democrática de 2001 es, mutatis mutandis, consistente al respecto:

"Si alguna de las Partes variase esencialmente sus formas de gobierno, quedará, por el mismo hecho, excluida de la Confederación, y su Gobierno no será reconocido, ni ella readmitida en dicha Confederación, sino por el voto unánime de todas las partes que la constituyeren entonces".

Hemos de decir también y en este orden, a la luz del libro que nos reúne, que las referencias del expresidente Paniagua y las del catedrático venezolano, Allan Brewer Carías, a la Carta Democrática Interamericana, y el comentario Dalla Vía – inspirado en Recasens Siches e influenciado por el pensamiento de Werner Goldschmidt – acerca del orden cierto y seguro, pero justo para que pueda ser tal en una democracia, permiten reseñar en términos propios y locales eso que desde el ámbito europeo sostiene Ferrajoli, al decir que fue "la constitucionalización rígida de los derechos fundamentales" la que hizo posible un cambio en la naturaleza misma de la democracia: haciéndola avanzar desde su dimensión formal, política y procedimental, como sistema de Gobierno, hacia otra sustantiva, que la asegura como derecho humano de los pueblos. De allí que, inevitablemente, desborde los fueros impermeables del Estado para situarse en el corazón de la idea de Humanidad y como parte esencial de su Patrimonio Común.

No por azar, desde mucho antes de ser adoptada la Carta Democrática, César Gaviria, secretario general de la OEA pudo decir, en 1997, que: "Cuando hoy hablamos de gobernabilidad estamos refiriéndonos no a la vigencia de las instituciones democráticas desde un punto de vista simplemente formal, sino a la legitimidad de esas instituciones, [y también, por qué no decirlo] a los peligros que la acechan". Otro tanto hizo la Corte Interamericana de San José de Costa Rica, al declarar en su Opinión Consultiva OC5/85 que "las justas expectativas de la democracia deben, ..., orientar la interpretación de la Convención [Americana de Derechos Humanos] y, en particular, aquellas disposiciones que están críticamente relacionadas con la preservación y funcionamiento de las instituciones democráticas".

Pero más allá de los dogmas jurídicos o políticos o de la exégesis normativa y sus naturales complejidades, lo cierto es que junto al fin de la Guerra Fría y el avance hacia la mundialización toma cuerpo, cada vez más, la idea de la legitimidad política y específicamente democrática – en su origen y en su desempeño – como necesaria para el acceso regular de los Estados al entramado de las relaciones internacionales contemporáneas.

Las "cláusulas democráticas" contenidas en los tratados y acuerdos internacionales más recientes, en especial los de cooperación e integración regional, son una muestra palpable al respecto. Se trata, justamente, de una realidad que se inserta en el movimiento internacional posbipolar y que provoca, de modo real y coherente, como lo diría luego Boutros Boutros-Ghali, entonces secretario general de Naciones Unidas, "un veritable droit international de la démocratie".

Por lo pronto, más allá del valor mayor o menor que quiera o no atribuírsele a la Carta Democrática Interamericana, como lo reconoce la "Declaración de Santiago sobre la Democracia y Confianza Ciudadana: Un nuevo compromiso de gobernabilidad para las Américas", que fuera adoptada por la OEA en 2003, ella "constituye el principal referente hemisférico para la promoción y defensa de principios y valores democráticos compartidos en las Américas al inicio del siglo XXI".

Y eso, por si solo vale y bastante, a la hora de hablar y debatir sobre las condiciones – elementos esenciales y componentes fundamentales – para la gobernabilidad y el Buen Gobierno de la democracia.

A MODO EPILOGAR

No quisiera concluir esta comunicación, que rinde merecido homenaje a los autores de la obra Gobernabilidad y constitucionalismo en América Latina, entre éstos nuestro amable anfitrión y dilecto amigo, Alberto Ricardo Dalla Vía, sin señalar lo que nos resulta esencial a la luz de las útiles enseñanzas que encierra. La democracia es hoy, antes que todo y, antes que nada, un derecho humano. Es y existe, como tal derecho, antes y por encima del Estado. Así de simple.

De modo que, la gobernabilidad en democracia mal podrá construirse si se le entiende como un mero recurso o sistema de relaciones entre poderes, atado a la estadalidad, que pueda sobrevivir de espaldas a la persona humana concreta y a su dual vocación, como individuo y como ser carente, necesitado de los otros. No será posible la gobernabilidad, como lo inferimos del criterio de la Della Vía, sin una seguridad normativa justa, es decir, construida para la realización de la Justicia como dimensión sustantiva del Derecho: obra, por lo mismo, de la autonomía o de los consensos, de la adhesión pacífica espontánea y de normas que al describir la realidad social lo hagan para fortalecer las potencialidades del hombre, el desarrollo libre y posible de su personalidad humana.

Dentro de tal gobernabilidad en democracia, el Buen Gobierno será tal en tanto y en cuanto tenga por límite y cometido la premisa que, luego de una dura y cruenta experiencia, sirve de pórtico a la Constitución alemana de 1949: "La dignidad del hombre es sagrada y constituye deber de todas las autoridades del Estado su respeto y protección". No será posible cuando medie, en línea diversa, un postulado como el que domina y sirve de eje transversal al andamiaje normativo de Venezuela, luego de 1999: "El Estado tiene como sus fines ... el desarrollo de la persona ...". El Estado, en suma, sería el todo y la persona humana su apéndice.

Tampoco será posible la gobernabilidad y el Buen Gobierno en democracia, en el caso de América Latina, si no somos capaces de romper con los atavismos que sellaran nuestra condición germinal de americanos: cultores del Mito de El Dorado – herederos sin mérito ni trabajo de las fortunas con las que habría recompensado la Providencia al Nuevo Mundo – y, de cara a nuestras frustraciones, invocadores cotidianos del gendarme necesario.

Como epílogo, pues, permítasenos leer lo que *in extensu* y acerca de la democracia y su gobernabilidad escribiésemos en nuestro libro Cultura de Paz y Derechos Humanos, coeditado en 2000 por la UNESCO.

"[E]s dable sostener que la democracia se contrariaría de presentarse huérfana de personalismo, de pluralismo, de participación, de organicidad y, particularmente, de revelarse incapaz de construir los espacios que manda el ejercicio responsable de la libertad. Su eticidad radica exactamente en esto, o dicho en las palabras de Max Weber, en la posibilidad de un juego dialéctico y complementario entre el ideal de lo preferible y la presencia de lo factible.

No es la democracia, por ende, un mero mecanismo político que, como tal y en cuanto tal, se agota en la forma, en el acto eleccionario y su realización, o en la vigencia de un régimen de equilibrio de poderes públicos que, a la manera de Montesquieu, impida "que todo hombre investido de autoridad pued[a] abusar de ella.

Si no es capaz de regresar habitualmente hacia su origen, que no es otro que el ser humano mismo, singular y carente, persona en la alteridad y, por ello mismo, compelido a la solidaridad en la asociación humana; si no alcanza esto, la democracia deja de ser tal y se corrompe en la disfuncionalidad, y junto a ella, de suyo, se corrompen sus rieles de trasmisión.

La democracia es "una filosofía general de la vida humana y de la vida política, ... un estado del espíritu". Eso decía Jean Maritain en 1942, todavía inquieto por la suerte de la segunda guerra. Rafael Caldera, expresidente venezolano, prevenido por esta enseñanza afirmó alguna vez que "no se trata de sumar la mitad más uno para ponerla a decidir todo lo relativo al cuerpo social y privar de todo derecho [humano] a la mitad menos uno. No se trata de mantener la posibilidad de que existan partidos políticos y de que sus representantes se reúnan a deliberar en un cuerpo denominado parlamento, cuya eficacia con frecuencia no ha estado a la altura de su responsabilidad".

Se trata de que la democracia se realice en todos los individuos y en todas las personas, al implicar – que debe implicarlo para llamarse democracia y en palabras del señalado Maritain – "un consentimiento de los espíritus sobre las bases esenciales de la vida [en] común, [d]el respeto a la dignidad humana y [de garantía a] los derechos del individuo".

He aquí, entonces, una clara concepción estimativa y permanente de la democracia como gobierno del pueblo, por ser la misma – lo reiteramos con énfasis – "un modo de vida, un conjunto de actitudes afirmadas en valores éticos, sin los cuales sus bases serían endebles y sus posibilidades inciertas".

APÉNDICES

PALABRAS DE ASDRÚBAL AGUIAR, SECRETARIO GENERAL DEL GRUPO IDEA, ANTE EL CONSEJO PERMANENTE DE LA ORGANIZACIÓN DE LOS ESTADOS AMERICANOS

La desinformación – las llamadas Fake News – y el peso de la deriva digital y tecnológica sobre la experiencia racional de la democracia, es un tema de enorme complejidad. Los exjefes de Estado de España y las Américas integrantes del Grupo IDEA lo abordaron en 2019, durante el IV Diálogo Presidencial que tuve el honor de organizar y contó con la presencia del secretario general, Luis Almagro.

Tal cuestión – salvo en los espacios de Cuba, Nicaragua y en la Venezuela de Nicolás Maduro – desborda a la mentira política como fisiología del poder; esa que practicó y caracterizaba al fascismo de mediados del siglo XX.

La explotación de los sentidos por acción inevitable de las redes sociales, abandonada la plaza pública como lugar de ejercicio de la razón mientras nos avergonzamos en Occidente de nuestras raíces, que son la obra del tiempo, en defecto del lugar y del tiempo vienen imperando la virtualidad y la atemporalidad.

La instantaneidad política y el narcisismo digital son las dos variables que conspiran contra las elecciones en democracia; cuando no se las limita a votar, sino cuando se organizan para elegir. No se eligen en democracia a las dictaduras.

En dos textos de mi autoría, El Derecho a la democracia, de 2008 y, en Los principios de la democracia y la reelección presidencial indefinida, de 2021, editado en yunta con mi colega, Allan Brewer Carías, dejamos prueba suficiente del valor prescriptivo y actual de la Carta Democrática Interamericana. En 2022 presentamos los Veinte años de violaciones a la Carta Democrática Interamericana en Venezuela. La Carta, pues, sólo espera de su cabal realización por los Estados y los órganos políticos del Sistema Interamericano. Su reforma nunca resolverá sobre lo que la ralentiza, la falta de voluntad política.

La adopción de la Carta Democrática en 2001, firmada pero rechazada por el actual régimen imperante en Venezuela y coincidente, aquí sí, con la acción terrorista sobre las Torres Gemelas, no fue un salto al vacío o un ejercicio coyuntural. Fue y es una decantación y actualización del patrimonio intelectual y de libertades mineralizado en las Américas desde la aurora de nuestras emancipaciones. Su más relevante antecedente lo representa la Declaración de Santiago de 1959.

Al superarse los cesarismos militares del siglo XIX y la primera mitad del siglo XX – es el caso otra vez de Venezuela – se advierte que no basta el logro de las elecciones para hablar de la existencia de la democracia. Los principios de alternabilidad, independencia de los poderes, libertad de expresión y de prensa, entre otros, como la garantía de los derechos fundamentales a través del Estado constitucional y de Derecho, son los llamados a la forja de verdaderas democracias.

Desde aquella fecha hasta 2001 – cuando media el caso de Alberto Fujimori y se advierte la urgencia de renovar los postulados de la democracia hoy contenidos en la Carta Democrática Interamericana, ocurre lo que con lucidez diagnosticara mi admirado colega mexicano de la Corte, el juez y presidente, fallecido, Sergio García Ramírez. En uno de sus votos emblemáticos afirma que en el pasado se apelaba a la seguridad nacional para acabar con la democracia y el Estado de Derecho y, esta vez, en nombre de los derechos se destruye a la democracia y al Estado de Derecho. No son asuntos de relevancia, por cierto, para el Programa 2030 de Naciones Unidas.

La Carta tampoco es un decálogo de buenos propósitos; ni su falta de realización y limitaciones pueden explicarse con base en el principio de la No Intervención. Son excusas fútiles, aquí sí verdaderas Fake News.

Suman varios centenares las enseñanzas jurisprudenciales de la Corte Interamericana de Derechos Humanos tras la aplicación efectiva de la Carta Democrática que ha hecho en sede judicial y para sentenciar sobre la responsabilidad internacional de los Estados parte. Es el instrumento de interpretación auténtica de las disposiciones de la Convención Americana de Derechos Humanos.

En sus sentencias y en su más reciente Opinión Consultiva sobre la Prohibición de la Reelección Presidencial Indefinida, adoptada para conjurar la desviación que significan las reelecciones en las Américas como si fuesen derechos humanos de los gobernantes, la Corte, para defender el derecho humano a la democracia – que dejó de ser un mero proceso o arquitectura para la formación del poder – y en consonancia con la Carta ha decidido siempre pro homine et libertatis; apalancada en el principio de orden público internacional construido tras el Holocausto y el nacimiento de Naciones Unidas, el de respeto a la dignidad humana.

Los órganos políticos de la OEA, lo observo constructivamente, todavía conjugan a favor del Príncipe, a favor del
Estado, cada vez que la democracia sufre de alteraciones
graves. He aquí el verdadero problema que les suscita la Carta
Democrática.

El mayor desafío que acusa la OEA a propósito de la
Carta Democrática Interamericana cuya celebración nos
reúne, e iré concluyendo, reside en un caso inédito, a saber,
en la violación multi frontal de la misma Carta por el régimen
de Caracas. Tras un verdadero golpe del Estado a la soberanía
popular, que es la fuente de legitimidad originaria y la puerta
de entrada a la democracia para su ejercicio como derecho
humano, luego de las elecciones presidenciales del pasado 28
de julio fueron desmontados todos los elementos esenciales y
componentes fundamentales de la democracia. No uno, sino
todos.

Mediante una colusión de poderes y el imperio de la
mentira que corroe la confianza pública en la democracia, por
defecto de rendición de cuentas públicas sobre el hecho
electoral, el colegiado gobernante abrogó en los hechos los
principios de acceso al poder y su ejercicio conforme al
Estado de Derecho, al igual que a la separación e
independencia de los poderes públicos. Puso de lado el
principio del respeto y garantía de los derechos humanos,
mediante el ejercicio del terrorismo de Estado – lo ha dicho
la CIDH; al punto de forzarse el exilio del presidente electo,
Edmundo González Urrutia; e hizo desaparecer, tras la
amenaza de un baño de sangre, el principio del pluralismo y
la existencia de los partidos. Sin que mediase una sentencia
penal y definitiva, se inhabilitó a la líder fundamental de las
fuerzas democráticas, María Corina Machado, obligándola a
la clandestinidad.

En suma, como algo pertinente a esta reunión del Consejo Permanente de la OEA, al secuestrarse la manifestación de la voluntad popular tras el ocultamiento de las actas de escrutinio; encarcelándose a quienes protestan a través de las redes sociales para que sean mostradas, se han proscrito las libertades de pensamiento y de expresión y de participación política a través del voto que elige. Y de admitirse ello por el Sistema Interamericano, se le habrá cerrado la puerta a la democracia, y en los hechos habremos derogado a la Carta.

¿Qué hacer?

1) El Consejo Permanente debería designar con urgencia a un grupo experto independiente que evalúe la cuestión venezolana, a la luz de los predicados de la Carta Democrática Interamericana.

2) En sus esfuerzos por hacer valer su carácter prescriptivo, la OEA debería usar con mayor regularidad los mecanismos de consulta ante la Corte Interamericana; y, ante situaciones concretas de violaciones del derecho a la demo-cracia, en cada caso y como tutela efectiva, puede demandar de la Corte la adopción de medidas provisionales a través de su órgano estatutario, la Comisión Interamericana de Derechos Humanos.

Washington, D.C., 11 de septiembre de 2024

PROYECTO DE DECLARACIÓN IBEROAMERICANA SOBRE LOS PRINCIPIOS DE LA DEMOCRACIA

> "A menos que se defina claramente esa palabra
> y se llegue a un acuerdo sobre las definiciones,
> la gente vivirá en una inextricable confusión de ideas,
> para beneficio de demagogos y déspotas".
>
> Alexis de TOCQUEVILLE (1835)

Exposición de motivos

— 1 —

Una evaluación crítica del estado de la democracia, en lo particular en Iberoamérica, exige clarificar la idea de la democracia y la adecuación de sus exigencias al inédito ecosistema global que emerge en este siglo XXI. Durante el siglo XX destaca como tema central de la vida política en Occidente la llamada "cuestión democrática". La noción que se tiene de ella es objeto de una confusión contemporánea, auspiciada por una lucha ideologizada más que de ideas, utilitaria y oportunista, acerca de la soberanía popular y entre visiones institucionales radical y aparentemente contrarias: la marxista y la liberal, como intenta explicarlo el teórico italiano de la democracia, Giovanni Sartori.

El marxismo – aun cuando Marx denuncia a la democracia como superestructura para la opresión – promete, mediante una "transición" a perpetuidad que implica supresión de libertades y proscripción de enemigos, la llamada democracia popular u oclocracia, el dominio plebiscitario de las mayorías con preterición de las minorías privilegiadas y sus derechos. La perspectiva liberal democrática, supérstite luego del derrumbe de las democracias populares en la Europa del Este, se afinca fundamentalmente sobre el método democrático. Repara en el valor eminente del sufragio y de la representación popular proporcional, otorgándole primacía a los derechos civiles y políticos, tanto como predica la despolitización de la sociedad civil. Y, sobrevenido el Estado social de Derecho se compromete luego con los derechos económicos y sociales y acepta, por consiguiente, la intervención normativa y moderadora del Estado como indispensable para la garantía de la convivencia.

A propósito de tal dualismo, el mismo Sartori advierte sobre la trampa del comunismo: juzgar "su" democracia con vistas a la expectativa imaginaria que propone, al tiempo que prosterna la democracia representativa apuntando a sus deficiencias de realización inmediata. Sin embargo, la cuestión, en el presente, es otra muy distinta y por otras razones. Dentro de un marco diferente e inédito la idea de la democracia otra vez se oscurece, pero como siempre y según la advertencia precisa de Alexis de Tocqueville, para beneficio de déspotas y demagogos.

No por azar, así como se arguye desde la prensa norteamericana que se encuentra la "democracia al borde del abismo" (Heiko Josef Maas, *Welt am Sonntag*, 25 de octubre de 2020) apuntando a la fuerte polarización de su sociedad y la pérdida de interacción social, una década atrás, en de sede la OEA es renovado el Informe del PNUD –llamado Informe Caputo– que centra su prédica en el «desencanto con la democracia» y en la necesidad, para resolver, de incrementar "el poder político real del Estado.

— 2 —

En Iberoamérica, hasta 1959, la democracia resulta de su oposición a las dictaduras militares. La emergencia de gobiernos electos mediante el sufragio universal basta para el establecimiento de un límite preciso entre aquélla y éstas. Luego, a partir de la Declaración de Santiago, adoptada por la OEA el mismo año, si bien se reconoce como atributo de la democracia la existencia de "gobiernos surgidos de elecciones libres", se cita como su componente el "principio del imperio de la ley" y su garantía "mediante la independencia de los poderes y la fiscalización de la legalidad de los actos del Gobierno por órganos jurisdiccionales del Estado". Es incompatible con la democracia, según dicha Declaración, "la perpetuación en el poder, o el ejercicio de éste sin plazo determinado", tanto como es contrario a su orden el uso de la proscripción política. Y al señalar los elementos que le fijan su teleología más allá de las formas, cita el respeto a los derechos humanos – en su perspectiva tanto individual como a la luz de la justicia social – y la libertad de expresión y prensa.

Esta idea de la democracia y de sus estándares, que se manifiesta sea como método o como finalidad de los gobiernos, sea como estilo de vida ciudadana, encuentra invariable respaldo en la jurisprudencia de la Corte Interamericana de Derechos Humanos desde 1987. Y cabe decir que la Carta Democrática Interamericana, adoptada por la misma OEA en 2001, a la que remite la Corte en sus fallos, recoge tales criterios, decantados y aceptados pacíficamente tanto por la opinión pública como por las élites gubernamentales y políticas de todo el Continente. De modo preciso, la Carta, que es síntesis de la doctrina democrática desarrollada desde la fundación del Sistema Interamericano, supera la visión clásica y unidimensional del golpe de Estado castrense como atentado a la democracia, y lo hace para acoger, con similar entidad, las denominadas "alteraciones graves" del ordenamiento constitucional por gobiernos elegidos. No solo eso. Saca a la democracia de los odres del Estado que la sujetan y condicionan, para situarla en lo adelante como derecho de los pueblos y afirmarla, en su expresión representativa, mediante el ejercicio cotidiano de la participación.

Los Jefes de Estado y de Gobierno reunidos para la Tercera Cumbre las Américas, cuya declaración final es adoptada en Quebec el mismo 2001 y reserva en soledad el estrenado Presidente venezolano de entonces, Hugo Chávez Frías, son quienes piden el dictado urgente del mencionado estatuto democrático de las Américas, justamente por considerar que "las amenazas contra la democracia asumen [ahora] variadas formas". Tienen en mente a Alberto Fujimori, Presidente del Perú, quien llega al poder a través del sufragio y desmonta las instituciones democráticas apoyado en su legitimidad de origen, a fin de prorrogarse como gobernante.

Los artesanos de la Carta no imaginan, empero, que algo más grave ya ocurre en la región. Los cultores de la democracia popular marxista – huérfanos tras el agotamiento del socialismo real, reunidos en el Foro de San Pablo y no pocos atrincherados en organizaciones extrañas a los partidos políticos y transversales a la sociedad, como las ONG's – vuelven por sus fueros. Asaltan las reglas de la democracia liberal haciéndolas propias, para luego vaciarlas de contenido. Explotan la circunstancia que más tarde les dibuja el Informe Caputo del PNUD (Ideas y aportes: La democracia en América Latina, 2004), a cuyo tenor la mitad de los latinoamericanos estaría dispuesta a sacrificar un gobierno democrático en aras del bienestar económico y social. En otras palabras, reinciden e insisten en concluir la tarea pendiente, como la es acabar con la democracia burguesa y capitalista usando de sus mismas armas. Quizás por ello, el intelectual francés Alain Touraine, advierte que la democracia es víctima de su propia fuerza.

Sin haber transcurrido un lustro desde su vigencia, en efecto, la Carta Democrática Interamericana sufre los embates de la nueva y heterodoxa tendencia, que hace cuerpo y se instala paulatinamente en varios gobiernos de la región. Y en 2005, con la Declaración de la Florida, una vez designado como secretario general el chileno José Miguel Insulza, éstos se encargan de frenar a la OEA en cuanto al ejercicio de sus competencias como mecanismo de seguridad colectiva democrática, bajo el añejo argumento de la No intervención. No pocos mandatarios, incluso de distinto signo político, dudan al respecto y cuestionan a la primera sin fundamento en el Derecho internacional, alegando su carácter no vinculante o su insuficiencia normativa.

Lo cierto es que, por obra de tales circunstancias, cuando los propios detractores originales de la Carta Democrática la reaniman a conveniencia para conjurar la crisis institucional que expulsa del poder al presidente de Honduras, Mel Zelaya, el Consejo Permanente de la OEA apunta a la tesis clásica del golpe de Estado y obvia de plano la figura de las "alteraciones constitucionales" provocadas por éste para sostenerse en el poder sin solución de continuidad. Aquélla, al calor de la diatriba, pierde su eficacia o efecto útil y hasta el organismo hemisférico mengua en su capacidad ordenadora, por lo demás ante un país pequeño y sin potencia real como el señalado. La situación, con sus matices y atenuaciones, se repite después en el caso de Paraguay, con la destitución del presidente Fernando Lugo.

La cuestión coincide en su realidad con otro fenómeno que corre en paralelo, a saber, el relajamiento de las estructuras del Estado iberoamericano desde finales del siglo XX e inicios del siglo XXI: demasiado grande para las pequeñas cosas, demasiado pequeño para los desafíos globales – copiamos el giro del filósofo italiano del Derecho, Luigi Ferrajoli – y cuyos espacios de poder transitoria e inevitablemente los ocupan demagogos, "dominaciones" personales que Max Weber tilda de carismáticas.

— 3 —

La evidente pérdida posmoderna del valor de la ciudadanía dentro del Estado y, de suyo, la fractura del entramado social que integra a la Nación como soporte de aquél, encuentra por causahabientes a pequeñas patrias o cofradías, étnicas, raciales, religiosas, comunales, ambientales, excluyentes de los extraños y cultivadoras de una cosmovisión casera; verdad que por su naturaleza y efectos es impermeable a la convivencia y a los mismos partidos como puntos de encuentro de los intereses generales y correas de transmisión con la organización pública y constitucional de la democracia. Y las "dominaciones carismáticas" citadas, encuentran así espacio fértil para sus degeneraciones despóticas o mesiánicas, por la misma falta de una resistencia social coherente, nacional, y unitaria.

"Quienes fueron designados para gobernar – lo recuerda con lucidez el finado expresidente argentino Raúl Alfonsín – se apropian hoy de ese mandato y lo transforman en un atributo natural de carácter providencial", contrapuesto a la racionalidad legal del mandato democrático. Pero no dejan de proclamar, paradójicamente, que son progenitores de la verdadera democracia.

En fin, dado el desmantelamiento progresivo de los principios de alternabilidad en el poder en distintos Estados de la región, de separación de poderes, de respeto al pluralismo, de garantía de los derechos humanos, de libertad de expresión y de prensa, e incluso de sujeción del poder militar al civil, ocurre en la práctica una suerte de reinterpretación a conveniencia, leonina y a contra cara, del artículo 1 de la Carta Democrática Interamericana. Éste consagra a la democracia, textualmente, como derecho de los pueblos que ha de ser garantizado por los gobiernos, en tanto que parte de los gobiernos miembros de la OEA entienden a la democracia como derecho de los gobernantes, que han de ser respetados por los pueblos.

Sea lo que fuere, a falta de instituciones internacionales y nacionales relegitimadas y eficaces como de reglas fieles y efectivas para la garantía y el sostenimiento de la democracia, ésta se debate en el presente entre la arbitrariedad o el devaneo populista de los gobernantes y la presencia de pueblos sin articulaciones sociales ni políticas, ahora libres de la cárcel del Estado, es cierto, pero sujetos a un rumbo incierto que les compromete como fuente indispensable de la soberanía real.

— 4 —

El avance que significa la Carta Democrática Interamericana como fundamento de la tolerancia en la convivencia y como llamado a la inclusión social y económica en tanto que elemento y componente de la democracia: como *Ius Comunne* regional americano; la oportuna y raizal diferenciación que dicha Carta introduce entre legitimidad de origen y legitimidad de desempeño democráticos, y su exigencia para el fortalecimiento de la representatividad política mediante la participación ciudadana, parecen no bastar a objeto de satisfacer los graves interrogantes que suscita tal suerte de "libanización" social que nos arropa – copio la expresión de Jean-Marie Guéhenno – y que cobija en la urgencia a los parias de la ciudadanía. Los puntos y líneas que antes separan a los Estados surgen esta vez dentro de los mismos Estados y, en el ángulo opuesto, al caer el velo protector de la vieja polis o ciudad los ciudadanos de siempre advierten la pérdida de la identidad común y sus transformaciones como piezas de una dinámica global que no controlan y les empuja, por lo pronto, a la práctica del fundamentalismo y la segregación, no más arguyendo el derecho a la no discriminación sino sobreponiendo el derecho preeminente a la diferencia, a la separación de quienes cada nicho o tribu considera extraño.

"En una situación de anulación de fronteras, de tanta desaparición de límites, y en la que la vida fluye por todas partes sin orden aparente, ya no digamos concierto, el individuo de la democracia iberoamericana encuentra que ha ido demasiado lejos. Azuzado por el miedo a la tiranía; asustado por el abuso físico del hambre, la carencia afectiva o la humillación pública; o melancólico por la decadencia de su cuerpo, las enfermedades, las agresiones a su salud y la vejez, se suma a una carrera despavorida que sólo tiene como meta dejar las pesadillas y los miedos bien atrás, guardados bajo llave". Así lo observa con pertinencia Javier Rois, autor de *El gen democrático*.

Otros aprecian, antes bien, que al margen de las concepciones de la política y del Derecho específicas de esa democracia que decanta dentro del Estado moderno y – como aparenta – llega a su final junto a éste, lo innegable es que media una suerte de radicalización intensiva y extensiva del principio de la misma democracia, si nos atenemos, que no basta, a su alcance etimológico, como "poder del pueblo". Hay, como lo sostiene la doctrina alemana de actualidad, un desangramiento popular de "reivindicaciones normativas y materiales". Crece la participación de la gente a un punto tal que supera los ámbitos que le son reconocidos a la ciudadanía en el modelo de representatividad democrática y de segmentación del poder antes conocidos. La inflación electoral es sintomática y Venezuela, en lo particular, surge como paradigma y también como aporía: mientras se incrementaron e hicieron cotidianas las elecciones, a la par y en proporción sufrió la institucionalidad republicana y democrática.

El caso es que en este momento – como lo señala el autor de *La muerte de la ciencia política*, César Cancino – la persistencia de la democracia y su sobrevivencia se juega en el espacio de lo público-político, como la calle, la plaza, la escuela, la fábrica, la ONG, el barrio, el chat, el blog, lugares donde los ciudadanos de ayer ratifican su voluntad de ser libres y donde producen contenidos simbólicos que ponen en vilo tanto al poder constituido hecho república, dominado por órganos formales y la misma institución de los partidos, como también a sus pretendidos sucesores de ocasión, los gendarmes carismáticos y renovados del socialismo real del siglo XX.

— 5 —

Fijadas las premisas anteriores, si se trata de reconstruir la convivencia en democracia a partir de la globalidad dominante ello implica, como hipótesis, dejar de lado la pluralidad que es sustantiva al poder decisorio y diferenciado de los pueblos, quienes aún reivindican su titularidad soberana o acaso intentan hacerse de una autonomía de la voluntad mejor adecuada a sus sobrevenidas condiciones de microcosmos sociales o de "patrias de campanario", como las llama Miguel de Unamuno. Es la tensión que empuja, ante aquélla, al reencuentro de las raíces.

En la otra acera, reconstruir, en defecto de un hilo de Ariadna o acaso de un mito movilizador que ate los fragmentos que a su paso deja el Estado Nación en su agonía o reclamo de reconversión, también conlleva desafiar la deriva negadora del pluralismo que éstos expresan en la coyuntura. El carácter excluyente y la ausencia de reconocimiento recíproco que le son característicos como nichos culturales o retículas sociales, relativizan y hasta anulan el sentido mismo de la convivencia democrática, que implica unidad en la diversidad.

En suma, admitidos los conceptos clave del presente: el hundimiento del comunismo, la globalización en sus múltiples ámbitos, la expansión del poder de la prensa sin rostro o subterránea y ahora el dominio sobre esta de las plataformas digitales: alcabalas de la libre expresión, el predominio de lo económico-financiero, los saltos cuánticos en la biotecnología, el choque de las culturas, el aumento de la criminalidad trasnacional y del terrorismo sin localidad, en fin, la fractura del tejido social de las naciones, la alternativa es imaginar, construir ex novo arriesgando y no solo reconstruir la experiencia democrática, con base en sus postulados o valores éticos permanentes.

Cabe apostar una y otra vez al hombre con sus falencias muchas, obligándolo a la profilaxis del cinismo y provocando en él su reencuentro con las leyes fundamentales, cuando menos, de la decencia; leyes universales que se reducen a "tratar humanamente a todos los seres humanos", a ejercer la libertad reconociendo en los otros lo distinto y aceptando la igualdad en la dignidad; y a "no hacer a los otros lo que no quiere cada persona que se le haga a sí misma"; síntesis, ésta, de principios que no cesan con independencia de los moldes o formas institucionales cuya finitud deja viudos, en lo adelante, a los demócratas y cultores de la razón jurídica, hijos de las Revoluciones Americana y Francesa, tanto como la caída de la Cortina de Hierro lo hace con los practicantes del comunismo, luego de 1989.

No basta, en conclusión, por efecto pendular o como lo anuncian los vientos de cambio que soplan en vía contraria a las realidades descritas, el giro de los gobiernos ibero-americanos desde las izquierdas de siempre hacia las derechas, con sus distintos énfasis o variantes políticas e históricas, para exorcizarnos de las angustias o para dar por restablecidos los paradigmas, que a manera de ejemplo, contienen la citada Carta Democrática Interamericana y el conjunto de los instrumentos universales o regionales que disponen "cláusulas democráticas" para atar a los Estados.

La preocupación anterior es compartida tanto por la ONU como por su Consejo de Derechos Humanos, el primero declarando respecto de la cuestión democrática desde 1988 y abordando con más cuidado el tema desde el decenio de 1990, al punto que, en la Cumbre Mundial de 2005, donde se fija el compromiso de crear el último órgano, reafirman "la democracia como valor universal" y destacan que "todos los derechos humanos, el imperio de la ley y la democracia,... son aspectos vinculados entre sí, que se refuerzan mutuamente".

A la sazón el Consejo de Derechos Humanos, en 2011, al crear un Experto Independiente para la materia:

1.   Reafirma que toda persona tiene derecho a un orden internacional democrático y equitativo;

2.   Reafirma también que un orden internacional democrático y equitativo fomenta la plena realización de todos los derechos humanos de todos;

3.   Declara que la democracia implica el respeto de todos los derechos humanos y las libertades fundamentales y es un valor universal basado en la voluntad libremente expresada del pueblo de decidir sus propios sistemas políticos, económicos, sociales y culturales y en su plena participación en todos los aspectos de la vida, y reafirma la necesidad de una adhesión universal al estado de derecho y su observancia universal a nivel tanto nacional como internacional;

4.   Reafirma la Declaración Universal de Derechos Humanos, en particular el principio de que la voluntad del pueblo es la base de la autoridad del poder público, y que esta voluntad se expresará mediante elecciones auténticas que habrán de celebrarse periódicamente, así como el derecho a elegir representantes mediante elecciones periódicas y auténticas, por sufragio universal e igual y por voto secreto u otro procedimiento equivalente que garantice la libertad del voto.

De allí que, partiendo de lo anterior, caben iniciativas situadas en los espacios de la sociedad civil que, sobreponiéndose a las fracturas de circunstancias o diversidades legítimas, contribuya, mediante el estudio y seguimiento de las realidades democráticas de la región, con la urgente tarea de favorecer a la democracia en los espacios donde se ha perdido, contribuir a su fortalecimiento donde se encuentre en proceso de fortalecimiento, y defenderla de los peligros allí donde goce de plena vigencia.

Al efecto, surge como pertinente y necesario consensuar un decálogo de mínimos que ayude a las múltiples expresiones de nuestras sociedades a participar de dichas tareas y nada más propicio que sean los partidos políticos democráticos, sin mengua de sus respectivas cosmovisiones o narrativas, los llamados a su adopción igualmente consensuada del mismo.

Al efecto, surge como pertinente y necesario consensuar un decálogo de mínimos que ayude a las múltiples expresiones de nuestras sociedades a participar de dichas tareas y nada más propicio que sean los partidos políticos democráticos, sin mengua de sus respectivas cosmovisiones o narrativas, los llamados a su adopción igualmente consensuada del mismo.

Proyecto de declaración

El derecho a la democracia

1. Toda persona tiene derecho a un orden social y político, local y mundial, en el que los derechos humanos y las libertades fundamentales se hagan plenamente efectivos.

Valores éticos de la democracia

2. La democracia es un valor universal y un derecho de los pueblos, aun cuando no exista un modelo único de la misma; pero todas las democracias tienen características comunes e irrenunciables, por implicar cambios sin violencia, contención del poder, otorgamiento de voz a los ciudadanos, y elecciones por estos que fortalezcan sus libertades a través del voto.

Identidad y diversidad

3. La instalación de la democracia allí donde no existe, su fortalecimiento dónde se ha instalado, su preservación y cuidados donde tiene vigencia, o su reinvención según las coordenadas inéditas de cada tiempo, implica reconocer el derecho de todo pueblo de preservar la memoria de sus raíces, tener entidad para crecer y participar políticamente, respetando los principios de unidad en la diversidad del género humano.

Pluralismo y Bien Común

4. La democracia es la mejor salvaguardia de la tolerancia para con todos los grupos de la sociedad y de la igualdad de oportunidades para cada persona, por afirmarse sobre el pluralismo democrático y el respeto a la primacía del Bien Común.

Instituciones democráticas

5. La libertad personal y la justicia social no pueden alcanzarse fuera del cuadro de las instituciones democráticas. De donde la democracia tiene como base el respeto de la persona humana y la garantía del Estado de Derecho.

Garantías democráticas de los derechos

6. Es obligación de los Gobiernos promover y defender la democracia y asegurar la protección de todos los derechos humanos para todas las personas contra los excesos de poder del Estado y sus organizaciones multilaterales, o de la violencia y el crimen transnacional deslocalizados. Toda persona, por ende, tiene derecho de interponer y de tener garantizados recursos efectivos, tanto nacionales como internacionales, contra cualquier violación de sus derechos, y los Estados deben cooperar y ayudarse entre sí con el fin de hacer irreversibles las conquistas de la democracia.

Participación y leyes democráticas

7. El ejercicio efectivo de la democracia representativa es la base del Estado de Derecho y de los regímenes constitucionales de los Estados. Ella se refuerza y profundiza con la participación permanente y responsable de los ciudadanos, con fundamento en leyes democráticas. El límite de las mayorías, por ende, es la vigencia de la misma democracia, el imperio de la ley, y el respeto y garantía de los derechos humanos.

Elementos esenciales de la democracia

8.   Son elementos esenciales de la democracia representativa el respeto de los derechos humanos y las libertades fundamentales, en lo particular del derecho al libre desarrollo de la personalidad, la libertad de pensamiento y expresión, y las de asociación, reunión y manifestación pacíficas; el acceso al poder y su ejercicio con sujeción al Estado de Derecho; la celebración de elecciones periódicas, libres y justas, basadas en el sufragio universal y secreto como expresión de la soberanía del pueblo; el régimen plural de organizaciones políticas y partidarias; la separación e independencia de los poderes públicos; y la alternabilidad en el ejercicio del poder.

Componentes fundamentales del ejercicio democrático

9.   Son componentes fundamentales del ejercicio de la democracia la transparencia en las actividades gubernamentales, la probidad y responsabilidad de los gobiernos en la gestión pública, el respeto por los derechos sociales, la subordinación de todas las instituciones del Estado a la autoridad civil legalmente constituida, y la libertad de prensa e información.

Democracia y desarrollo económico y social

10. La democracia y el desarrollo económico y social son interdependientes y se refuerzan mutuamente. La libertad y el pluralismo políticos son elementos necesarios para desarrollar economías de mercado en las que pueda alcanzarse un crecimiento económico sostenible con equidad, es decir, prosperidad con justicia social, y para que tenga lugar la expansión del empleo y el uso eficaz de los recursos económicos. La libertad económica, la justicia social y la responsabilidad medioambiental son indispensables para la prosperidad dentro de la democracia. El libre albedrío del individuo, ejercido en un clima democrático y protegido por el Estado de Derecho, sienta las bases necesarias para el éxito del desarrollo económico y social.

Es también deber del Gobierno y derecho de la sociedad el fomento de la actividad económica, respetuosa de la dignidad humana.

Condado de Broward, 1ro de marzo de 2016

MARCO NORMATIVO BÁSICO SOBRE EL DERECHO A LA DEMOCRACIA Y EL DERECHO DE LA DEMOCRACIA

I
SISTEMA UNIVERSAL

Acta Constitutiva de la UNESCO (1945): Preámbulo, artículo I

Declaración Universal de Derechos Humanos (1948): Preámbulo artículos 2, 3, 19, 20, 21, 28, 29.1-3

Pacto Internacional de Derechos Civiles y Políticos (1966): artículos 14, 19, 21, 22, 25

Pacto Internacional de Derechos Económicos, Sociales y Culturales (1966): Preámbulo, artículos 4, 8.1 a)- d), 13.1

Declaración de Montevideo sobre Cultura y Gobernabilidad Democráticas (1990): Preámbulo, principios y recomendaciones

Declaración y Programa de Acción de Viena (1993): Considerando, I-8,17, 27, 34, II-66, 68, 74, 79, 80

Apoyo del Sistema de las Naciones Unidas a los esfuerzos de los gobiernos para la promoción y consolidación de las democracias nuevas o restauradas. Informe del secretario general de la ONU A/50/332 (1995): Passim, en lo particular párr. 6, 9, 11, 13-17, 23, 31, 32

Agenda para la democratización (ídem, Hacia un programa de democratización). Informe del secretario general de la ONU A/51/761(1996), *Passim*

Declaración Universal sobre la Democracia (1997), Preámbulo, principios 1-27

Consenso de Brasilia – Gobernar la globalización (1997): Párr. 1-11

Declaración del Milenio (Asamblea General de la ONU, 2000): Párr. 1, 2, 6, 24, 25, 27, 28, 30

Un concepto más amplio de la libertad: desarrollo, seguridad y derechos humanos para todos. Informe del secretario general de la ONU A/59/2005 (2005): Párr. 127-132 (Libertad para vivir en dignidad), 148-152 (Democracia)

Documento Final de la Cumbre Mundial de la ONU (2005): Párr. 1, 2, 3, 16, 24 b-c, 119, 120, 135, 136

19/36. Consejo de Derechos Humanos: Derechos humanos, democracia y Estado de Derecho (2012): Preámbulo, párr. 1-27

28/14 Consejo de Derechos Humanos: Derechos humanos, democracia y Estado de Derecho (2015): Preámbulo, párr. 1-8

Declaración "Transformar nuestro mundo: La Agenda 2030 para el desarrollo sostenible" (2015): Preámbulo, párr. 8, 9, 35, Objetivo 16: 1, 2, 3

II
SISTEMA IBEROAMERICANO

Declaración de Viña del Mar - *Gobernabilidad para una democracia eficiente y participativa* (1996): párrs. 2, 3, 4, 5, 6, 7, 10, 11, 16, 18, 19, 23, 26, 27, 28, 29, 30, 31, 36, 39, 40

Declaración de Margarita - *Los valores éticos de la democracia* (1997): párrs. 2, 3, 5, 6, 7, 14, 16, 26, 31, 35, 37, 38, 40

Declaración de Lima – *Unidos para construir el mañana* (2001): Párr. 2, 3, 4, 5, 12, 13, 14, 20, 26, 31, 33, 34, 37, 49

III
SISTEMA EUROPEO

Estatuto del Consejo de Europa (1949): Preámbulo, artículo 1 a) y b), y 3

Convenio Europeo para la Protección de los Derechos Humanos y las Libertades Fundamentales (1950): Preámbulo y artículos 8.1-2, 9.1-2, 10.1-2, 11.1-2 de la Convención, artículo 3 del Protocolo adicional, artículo 2 del Protocolo Nro. 4 (1963), y preámbulo del Protocolo Nro. 13 (2002)

Carta de París para la Nueva Europa (1990): *Passim*

Declaración de la Cumbre de Budapest: Hacia una auténtica asociación en una Nueva Era (1994), Párr. 4, 6, 7, 9, 10, 14

Carta de Derechos Fundamentales de la Unión Europea (2000): Preámbulo, artículos 1, 11, 12, 14, 39, 40

Constitución de Europa (2003): Preámbulo, Parte I-2, 42, 44-51, Parte II-Preámbulo, 14, Parte III-193

Tratado de la Unión Europea (2010, Versión consolidada), Considerandos, artículos 2, 9, 10, 11, 12

IV
SISTEMA INTERAMERICANO (*)

Declaración Americana de Derechos Humanos (1948): Considerando, preámbulo, artículos I, IV, XX, XXI, XXII, XXVIII

Carta de la Organización de los Estados Americanos (1948 Reformada): Preámbulo, artículos 2 b) g), 3 d) f) l) n), 9 a) d), 17, 31, 45 a) f) i), 47, 95 c) 3, 106

Declaración de Santiago de Chile (1959): Preámbulo, 1-8

Convención Americana de Derechos Humanos (1969): Preámbulo, artículos 13, 15, 16, 22, 23, 27.2, 29 c), 32.1-2

Compromiso de Santiago con la democracia y la renovación del Sistema Interamericano (1991): Preámbulo, a-i

Resolución AG/Res. 1080 (XXI-O/91) Democracia representativa (1991): Considerando, 1-3

Principios sobre la Libertad de Expresión (2000): Considerandos, 1, 4, 12

Carta Democrática Interamericana (2001): Considerandos, artículos 1-28

Declaración de Santiago sobre democracia y confianza ciudadana: Un nuevo compromiso de gobernabilidad para las Américas (2003): Considerandos, declaración

Programa de Gobernabilidad democrática en las Américas (2004): Considerandos, 1-5. Anexo: Lineamientos para el "Programa de Gobernabilidad Democrática en las Américas", I-VII

Declaración de Quito sobre desarrollo social y democracia frente a la incidencia de la corrupción (2004): Considerandos, párr. 1-19

Declaración de Florida: "Hacer realidad los beneficios de la democracia" (2005): Considerandos, párr. 1-10

(*) CUMBRES DE LAS AMÉRICAS

Primera Cumbre (Miami, 1994). Declaración de Principios "Pacto para el Desarrollo y la Prosperidad: Democracia, Libre Comercio y Desarrollo Sostenible en las Américas": Declaración de principios, Párr. Preservar y fortalecer la comunidad de democracias de las Américas, Párr. Erradicar la pobreza y la discriminación en nuestro hemisferio

Cumbre Extraordinaria sobre Desarrollo Sostenible (Santa Cruz de la Sierra, 1996). Declaración: Párr. 3, 10.b

Segunda Cumbre (Santiago de Chile, 1998). Declaración: *Passim*

Tercera Cumbre (Quebec, 2001). Declaración: Passim, con reserva de Venezuela

Cumbre Extraordinaria (Monterrey, 2004). Declaración de Nuevo León: *Passim* y capítulo sobre gobernabilidad democrática

Cuarta Cumbre (Mar de Plata, 2005). Declaración "Crear trabajo para enfrentar la pobreza y fortalecer la gobernabilidad democrática": Párr. 1, 2,10, 13, 15, 16, 19, 20, 36, 43, 49, 57-64 (Fortalecimiento de la gobernabilidad democrática), 66-Reserva de Venezuela, 67, 70, 76

Quinta Cumbre (Puerto España, 2009). Declaración de Compromiso de Puerto España: Párr. 1, 2, 5, 38, 39, 68, 69, 77, 78-82, 88 (Reforzar la gobernabilidad democrática)

Sexta Cumbre (Cartagena de Indias, 2012). *Sin declaración final de los jefes de Estado*. Mandatos: Párr. 8 (Seguridad ciudadana)

Séptima Cumbre (Panamá, 2015). *Sin declaración final de los jefes de Estado*. Mandatos de los Cancilleres sobre Prosperidad con equidad: Párr. 3 (Participación ciudadana), y 1-5 (Gobernabilidad democrática)

Octava Cumbre (Lima, 2018). Compromiso de Lima "Gobernabilidad democrática frente a la corrupción": Párr. primer considerando, 1-5, 50, 52. No aprobó Nicaragua el documento.

Novena Cumbre de las Américas: "Construyendo un futuro sostenible, resiliente y equitativo": *Sin declaración final de los jefes de Estado*. Los Ángeles, 2022. PLAN DE ACCIÓN INTERAMERICANO SOBRE GOBERNABILIDAD DEMOCRÁTICA: Preámbulo, párr. 1, 2.a-b, 3.g, 4, 10.b, 12 (encabezamiento), 24 (encabezamiento)

LIBROS DEL AUTOR SOBRE LA DEMOCRACIA

- *La Carta Democrática Interamericana: Veinte años de violaciones en Venezuela*, con Allan R. Brewer Carías, Miami, IDEA/ Editorial Jurídica Venezolana, 2022 (218 pp.), ISBN: 978-1-68564-729-2

- *Los principios de la democracia y la reelección presidencial indefinida*, con Allan R. Brewer Carías (Editores), Miami, Iniciativa Democrática de España y las Américas (IDEA) / Editorial Jurídica Venezolana, 2021 (896 pp.), ISBN: 978-1-63821-564-6

- *Calidad de la democracia y expansión de los derechos humanos*, Miami, Cátedra Mezerhane sobre Democracia, Estado de Derecho y Derechos Humanos, Colección Cuadernos N° 2, Miami Dade College /Editorial Jurídica Venezolana International, 2018 (242 pp.) ISBN 978-980-365-406-1

- *La democracia del siglo XXI y el final de los Estados*, Caracas, Cyngular-La Hoja del Norte, 2015 (140 pp.) ISBN 978-980-365-267-8; *La democracia del siglo XXI y el final de los Estados*, México, Observatorio Iberoamericano de la Democracia / Rumbo a la Democracia, 2011 (280 pp.) ISBN 978-980-12-3985-7

ASDRÚBAL AGUIAR

– *Digesto de la democracia* (Jurisprudencia de la Corte Interamericana de Derechos Humanos 1987-2014, Caracas / Buenos Aires, Editorial Jurídica Venezolana /Observatorio Iberoamericano de la Democracia, 2014 (365 pp.) ISBN 978-980-365-264-7

– *Memoria, verdad y justicia: Derechos humanos transversales a la democracia*, Caracas, Editorial Jurídica Venezolana / Universidad Metropolitana / Acceso a la Justicia, 2012 (239 pp.) ISBN 978-980-365-174-9

– *El derecho a la democracia*, Caracas, Editorial Jurídica Venezolana / Observatorio Iberoamericano de la Democracia, 2008 (660 pp.) ISBN 978-980-365-126-8